心でするダイエット

携帯電話活用で効果を上げる

おち 洋司 著

セルバ出版

はじめに

皆さん、ダイエットを成功させるために必要なものは、何だと思いますか。いいエクササイズ法ですか、いい食事レシピですか、それとも、根性や気迫ですか。実は、どれも違います。

一見すると、優れたダイエット法と根性があれば、ダイエットに成功できそうに思います。ですが、本当はそうではありません。なぜなら、ダイエットの敵は「本能」だからです。

「食べたいときに食べたい」

「できるだけ動きたくない」

これらは、ダイエットの最大の敵です。そして、本能です。これに勝つことさえできれば、はっきりいって、誰でも成功できるのです。

しかし、これが最大の壁なのです。まず、ガマンや根性で勝つことはできません。なぜなら、ストレスがたまり、かならず破綻するからです。それが、リバウンドです。

ダイエットは、意志が強い強くないというレベルの問題ではありません。本能という敵の強さは、意志やガマンの力とは、格が違うからです。ガマンして、がんばってダイエットをした人は、リバウンドして、自然なのです。

大切なのは、「ガマンや根性ではダイエットも維持もできない」ことに、気づくことです。実際、ダイエットに成功している人は、ガマンも根性も使っていません。

本書は、ガマンも根性もいらないダイエットを、お伝えしていきます。それは、人間の特性を利用した方法であり、携帯電話を使ったダイエット法です。ダイエットの正しい知識さえあれば、携帯電話でダイエットができてしまうのです。

また本書は、成功に必要な知識だけでなく、成功する人の考え方や心のあり方も書いています。実は、これが最大のカギです。その理由は、ダイエットとは、自分だけの問題だからです。そして、やるかやらないか、どうやっていくかだけの問題でもあるからです。

皆さんは、これまでに、数多く悩まれてきたと思います。挫折や失敗も、たくさん経験されてきたと思います。それは、純粋に「ガマンしなきゃ」、「がんばらなきゃ」の一心で、がんばってきたからこそです。私は、本書が、そんなひたむきな皆さんの、大きな力になればと願っています。

ダイエットの成功は、人生にたくさんの光をもたらしてくれます。明るい未来、楽しい未来、幸せな未来、笑顔いっぱいの人生を生み出してくれるものです。そして、それを実現することができるのは、自分自身だけです。スリムになることができたら、どんなに嬉しいでしょうか。憧れのカラダになることができたら、どんなに楽しいでしょうか。

本書を、未来ある皆さんに贈ります。

平成24年5月

おち　洋司

心でするダイエット　目次

❷ ダイエットの本質を知る

❸ 成功するダイエットの心と考え方

❹ 本能ダイエット法の知識を学ぶ

❺ 本能ダイエット法を実践する

❶ スリムにならないと損をする

1　びくびく人生か来い来い人生か

人は勝手に判断する

ダイエットに成功すると、とても気分がよくなります。一気に人生が明るく華やかになります。いままで「太っているからちょっと……」とためらっていたことも、積極的になります。体型が気になって行けなかったプールも、一転して行きたくてたまらなくなります。やりたいことがどんどん出てきます。そして、何をするにしても、明るく楽しくやれます。

では、なぜそうなるのでしょうか。それは、自分に自信がつくからです。自分のカラダに自信がもてるようになるからです。

太っていると、消極的になります。強いコンプレックスになっているからです。おなかが出ていると、ひけめを感じてしまいます。まず、胸をはって歩けません。飛び出たおなかをアピールするようなものだからです。

そして服も、ついつい、ばっさりしたものを選んでしまいます。二の腕がたるんでいると、どうしても半袖が気になります。だから、暑くてもガマンして、七部袖にするのです。「見せたくない」「見られたくない」という意識が、常に頭の中に潜んでいるのです。これが、大きなストレスになっています。

人間は、社会のなかで生きています。常に誰かに見られているということです。それが、知合いであるかどうかは関係ありません。人がいる限り気になってしまうのです。なぜなら、太っている人イコール、「だらしない人」「自己管理ができない人」「食欲に負けた人」というイメージがあるからです。人から、このように思われてしまうことがイヤなのです。

もちろん、太っている人が、すべてそうではありません。そうではない人もたくさんいます。ですが、見る人は、そんなことはおかまいなしです。勝手に、「あの人は意志が弱い人だ」と判断するのです。だから、怖いのです。

それゆえに、会う人会う人、視線に敏感になってしまいます。相手の目線が、ちょっとおなかに向けば、「あ、私の太ったおなかを見てる……」と思ってしまうのです。視線が、ちょっと脚にいこうものなら、「やっぱり私の脚、太いと思ってるんだ……」と思ってしまうのです。

びくびくが来い来いに変わる

意識してしまうのは、視線だけではありません。相手の挙動自体が、自分の体型に関係しているのかとさえ、思ってしまいます。

満員電車で隣の人にグッと押されると「太った自分へのはらいせ？」と勘ぐってしまうのです。汗をかいてハアハアしているときに、隣でエヘンと咳ばらいをされると、「暑苦しくてごめんなさい」となってしまうのです。もちろん、相手の本心はわかりません。まずほとんど被害妄想です。

ですが、この被害妄想をどんどん生み出すものが、体型コンプレックスなのです。これが、体型の影響力です。そしてまた、ダイエットを望む人は、心が繊細なのです。

ダイエットに成功してスリムになると、この悩みが一気になくなります。自分のカラダに、コンプレックスがなくなるからです。それどころか、自信がつくからです。おなかに視線がいったら、「おなかぺったんこでしょ？　もっと見て」となるのです。脚に目が向いたら、「どう？　脚細いでしょ？自信あるのよね」となるのです。一気に「びくびく人生」から「来い来い人生」に変わるのです。

人生が楽しくなるかどうかは、考え方で決まります。そして、明るく幸せな考え方は、自信と余裕から生まれるのです。ダイエットに成功すると、単に、脚2本が細くなるというだけではありません。ウエストが5センチ小さくなるというだけではありません。そこに、自信と余裕が生まれるのです。びくびくが来い来いになるのです。

間違ったダイエットはしてはならない

どれだけ早くダイエットに取り組むかです。そして、どれだけ強く実現を望むかです。これが、ダイエットの成否と未来を決めるのです。

ですが、その前に、注意しなければならないことがあります。それは、決して間違ったダイエットをしてはならないという点です。失敗をしてはならないということです。「ヤセた」「でも、リバウンドした」という失敗を、繰り返している暇はありません。そもそも、ダイエットに失敗すると、ヤセにくい体になってしまいます。さらには、体型も以前より悪くなってしまいます。二重アゴが三重アゴになって返ってくるのです。

ダイエットに失敗することは、「成功しなかった」という「ゼロ」ではありません。非常に大きなバッテンをもらうのです。しかも、挽回不可能なものまでもらってしまいます。ダイエットに失敗するくらいなら、やらないほうが何倍もいいのです。

それ以前に、健康を害することは、絶対にしてはいけません。皆さんのなかには、ダイエットで苦い経験をされた方も多いと思います。今後はもう、そんな経験をしてほしくありません。無理なくスリムになれる方法で、健康的に、確実に、ダイエットを成功させてほしいと願っています。

「次やるダイエットは、必ず成功させるんだ」、まずはこの気持ちが大切です。

そして、そのためには、ダイエットを変える必要があります。今までと同じやり方、同じ考え方では、実現することはできません。なぜなら、今までのやり方＝今までの結果だからです。

大阪から東京に行きたいのに、ハンドルを左に向けて進んでしまうと新潟に行ってしまいます。どんなにがんばっても、どんなに急いでも、東京に辿り着くことはできません。全く別の、新潟という地に、早く着いてしまうだけです。

大事なのは、東京に着くように、しっかりハンドルを向けることです。それができてはじめて、アクセルをどう踏んでいくか、という問題になるのです。成功までの道筋にきちんとのっていくことが、何より大切なことなのです。

2　太っていると自分も相手も悩む

スリムになったら、やりたいことがたくさんあるはずです。もちろん、ショッピングもそうです。しかし、太っていると、それほど楽しめません。なぜなら、服を選ぶ基準が、「細く見えるかどうか」にあるからです。

服を品定めするとき、「これ、かわいいけど、着たら太って見えるかな」こう考えてしまうからです。服を、好みで選ぶのではないのです。自分に似合っているかどうかで、選ぶのでもありません。「自分のカラダに合うかどうか」「少しでも細く見えるかどうか」で選ぶのです。なぜなら、「カラダに服を着せる」という感覚になっているからです。

ですが、スリムな人は、違います。単純に、「あ、これかわいい」で買うのです。だから、「自分が服を着る」という、本当の洋服選びができるのです。

このように、ショッピング1つをとってみても、体型でこれだけ楽しみ方が違うのです。

太っていると心から楽しめない

体型がよくないと、楽しくありません。何をしても、すっきりと楽しめないのです。なぜなら、カラダは常に、自分とともにあるからです。だから、気分がいつも晴れないのです。

一方、体型がよくなくて楽しめないのは、実は、本人だけではありません。相手も楽しくないのです。なぜなら、相手も気にしてしまうからです。

太っている芸人さんで、体型をネタに笑いをとっている人がいます。カラダをブルブル揺らしたり、おなかをアピールしたりする芸です。でも、あれは、本人にとっては、本当はキツいのです。どんなにネタにして笑いとばしていても、心のなかでは笑えていないのです。ものすごい葛藤のなかでやっている芸なのです。

お客さんが「うわっ、すごい体型！」と大笑いしてくれたとしても、決して心からうれしいわけではありません。笑いがとれたらとれたで、複雑な気持ちになるのです。素直に喜べないのです。それでも、彼らは、ニコニコしているのです。

実は、これは、お客の側も同じです。「あっはっは。すごいおなかだな」と表向きは笑っていたとしても、それは心からの笑いではないのです。太っている人や、太った経験がある人は、まず笑えません。なぜなら、太っていることがどれだけツラいかがわかるからです。そしてまた、本人が、強い葛藤に耐えながらやっているということが、わかってしまうからです。

ですが、それでも笑う人がいます。実は、その人は、そのツラさがいっそうわかる人なのです。「ここで私たちが笑ってあげないと……」「何とか彼のがんばりに応えてあげないと……」、ここまで思ってしまう人なのです。それで、あえて、笑うのです。

しかし、彼らは「あっはっは」と笑うのではありません。「がんばれ、がんばれ」と笑うのです。

笑うのではなく、エールを送るのです。

体型コンプレックスは相手にも伝わっている

面白いことをいった、面白いことをしたからといって、人は笑うわけではありません。本人に対して「本当に心から楽しんでいるな」と感じたときに、見ている側ははじめて笑えるのです。本人が本心から楽しんでいないのがわかってしまうと、決して笑えないのです。

漫才やコントが笑えるのは、芸人さんがリアルに楽しんでいると感じるからです。それは、芸人さんのうまさです。ネタを、今まさに自分たちがウケているようにやるからです。ですが、それでも、ネタが本人のコンプレックスであれば、そうはなりません。どんなにウケているように演じても、本人は本当は陰で苦しんでいることが、感じとれてしまうからです。ですからコンプレックスネタは笑えないのです。心の痛みを感じ、そこに自分を投影するからです。

体型コンプレックスは、とても強いものです。そして、経験者にしかわからないことです。だからこそ、わかる人は、どれだけ相手が悩んでいるかが身にしみてわかるのです。「この人、明るく振舞っているけど、本当はすごくツラいんだろうな……」と感じてしまうのです。

体型にコンプレックスのある人は多いです。女性の割合は、かなりのものです。それは、気持ちのわかりあえる仲間が多いということでもあります。だからこそ、多くの人が、太っている人への対応に悩むのです。相手の悩む気持ちがわかるからこそ、なおさら気をつかってしまうのです。

3 ダイエットは実践できれば成功する

ダイエットは実践がすべて

皆さんは、これまでどんなダイエットに取り組んでこられたでしょうか。ダイエットの本を何冊も買ってみたり、エクササイズの本やDVDを買ってみたり、ダイエットグッズを買ってみたり……、様々なダイエットに、チャレンジされてきたことと思います。ですが、その結果、どうだったでしょうか。ダイエットに成功できたでしょうか。

世にあるダイエット本やエクササイズ本には、「この運動がダイエットに効果的ですから、ぜひやってください」「食事のデザートは大敵ですから、ここを少しガマンしましょう」「毎日たった5分、このエクササイズをやるだけでいいんです」と、著者からの熱いメッセージが、書かれています。それを読んだとき、おそらく皆さんは、「よし、今日からやってみよう」「これなら成果が出そうだわ」こう思うはずです。

ですが、実際に実行できたでしょうか。そうではないはずです。「実践できなかった」「続かなかった」という経験があるはずです。それどころか、高いお金を出して買ったグッズや本にひととおり目を通しただけで、実際には何もしなかったという方もいるはずです。「明日からやってみよう」で、結局やらないまま終わってしまった経験もあるはずです。なぜなら、これがダイエットに成功できない人の共通点だからです。

楽なエクササイズを探すのではない

ダイエットは実践がすべてです。継続がすべてです。

たとえどんなにすばらしいダイエット本を読んだとしても、グッズを買ったとしても、それを実行しないと全く意味がないのです。継続しないと何にもならないのです。

皆さんに、本当に必要なものは、「より手軽にできるダイエット手段」を知ることではありません。「いま、手もとにあるダイエット本に書いてあることを、実行に移せる方法」を知ることなのです。

これが、皆さんがダイエットに成功するために、本当に必要なものなのです。「もっと楽なエクササイズはないか」「もっと手間のかからないレシピはないか」「もっといい単品ダイエットはないか」……。これではないということです。

ダイエットは、「実行継続」こそが柱です。ダイエット本云々《うんぬん》は、二の次なのです。もっというと、ダイエット本なんてなくてもいいのです。

毎日2つ食べているケーキを1つにすればヤセるのです。3分走れば、ヤセるのです。大事なのは、それをやれるかどうかです。

今、手元に5分のエクササイズ本があって、「新しく3分のエクササイズ本が出ないかな」と考えることではありません。今ある5分のエクササイズが、やれるかどうかなのです。

4　ダイエットの敵は本能である

ダイエットの常識を疑う

ダイエットには、さまざまな常識や認識があります。しかし、果してそれらは、正しいのでしょうか。それらに従っていれば、本当にダイエットに成功できるのでしょうか。

常識とは、１００％正しいというものではありません。多くの人がそう思っているということが、常識といわれるのです。ですが、多数派の意見が正しいとは限りません。少数派が正しいことも、多々あります。それ以外に、まだ発見されていない意見が正解だということもあります。さらには、今のところは、これしか思い浮かばないから、それっぽいものを選んでおいたという常識もあるのです。

また、常識とは、常に更新されていくものです。あくまで今の時点での常識ということです。学校の先生でも、昔は、悪いことをしたらゲンコツをされるのが常識でした。ですが、今はそうではありません。ゲンコツをしようものなら、保護者からキツいクレームが届きます。ゲンコツどころか、口頭で叱ることさえやりづらくなっています。これが、常識という位置づけなのです。

皆さんが、これまでと同じ取組み方をしている限り、決して、ヤセることはできません。それどころか、今のカラダは、いままでの生活や取組み方がつくりあげたものです。つまり、いままでと同じ取組み方をしていれば、ますますカラダを、マイナスの方向につくり続けてしまうということです。ヤセるどころでは、なくなってしまうのです。

「そうはいってもなかなかできないのよね」「わかっちゃいるけどやる気がでないのよね」皆さん揃って、こう口にするはずです。実はこれが、皆さんの本当の悩みです。頭ではわかっていてもやる気が出ないのです。たとえ、何とか一歩は進めたとしても、二歩目、三歩目につながっていかないのです。

つまり、「やる気が出なかった」というのが、最大の原因です。やる気が出さえすれば、誰でもダイエットに成功できるのです。ですが、この「やる気」というハードルが、とてつもなく高いのです。皆さんの目の前に、乗り越えられない壁として、君臨し続けているのです。

敵が本能だからやる気が出ない

では、なぜ、やる気が出ないのでしょうか。その答えは、2つあります。

1つは、それらが、苦しいことであり、しんどいことであるという点です。「エクササイズはしんどい」「食事制限はツラい」——これは、誰もが感じているはずです。この問題は、ダイエットを続けていくうえでの、最も大きな障害です。逆にいえば、この問題さえなければ、すでにダイエットに成功できているはずなのです。

ですが、これが、そう簡単に解決できないのです。「ガマンが苦しい」「面倒くさい」「しんどいからやりたくない」——この欲はとても強いからです。これらは、動物の本能だからです。

・食べたいと思ったときに食べるのは幸せですか
・食べたいと思ったときに食べるのをガマンしたら苦しいですか

これは、考えるまでもなく「ＹＥＳ」という答えが出てくるはずです。そして、皆さんの誰もが同じ意見のはずです。その理由は、皆さんが人間だからです。動物だからです。このＹＥＳという答えは、動物として湧き起こる欲求であり、本能なのです。ですから、全員が全員、考えるまでもなく同じ答えが出るのです。

このことは、食欲に限らず、運動に対しても同じです。

・エクササイズするのは面倒くさいからイヤですか
・エクササイズはしんどいからイヤですか

これも、皆さん「ＹＥＳ」であるはずです。なぜなら、これも本能だからです。動物である私たちには、必ず、本能には逆らいたくないという本能が、湧き起こってきます。本能に身をゆだねたいという本能が湧き起こってくるのです。決して避けては通れないキマリなのです。

本能に勝つためには本能を知ることが必要

本能はとても強いものです。なかでも「食べたい」という本能は、群を抜いています。はっきりいって、克服しようと思って克服できるものではありません。思考や意志で押さえ切れるものでもありません。これは、皆さんも痛感されているはずです。「ケーキが食べたくてたまらない」「ポテチがやめられない」——この強さに負けてしまうのです。

ですが、動物とはそういうものなのです。本能とは、生存していくためのものだからです。「やる気がでない……」「実行継続できない……」——こう悩むのは、ごく自然なことなのです。むしろ、がんばってガマンしてダイエットを成功に導いた人が、ある意味、特殊なのです。ですが、そのような方々も、実はかなり危険な状態です。

なぜなら、ダイエットや体型維持は、一生モノの長期プランだからです。一時はがんばれたとしても、いつかはガマンの糸が切れるときがくるからです。これが、リバウンドです。ですから、本能をガマンで押さえるというのは、難しいことであり、それ以前に、危険なのです。できたとしても、常に危ないのです。

これが、皆さんがダイエットに成功しない原因です。敵が本能だという点です。この問題を解決しない限り、どんなにすばらしいダイエット本を購入して、チャレンジしようとしても、いつまでたってもダイエットには成功できないのです。

皆さんがやるべきことは、たった1つです。それは、本能の倒し方を知ることです。そのためには、まず、本能がどういうものかを、知らなければなりません。本能の強さ、種類、特性を知るということです。

テストを受けるのに、試験範囲を知らないのでは、赤点になってしまいます。テストを受けるにあたって、試験範囲を知ることは、大前提なのです。

さらに、テストで合格点をとろうとするなら、過去問分析が重要です。高得点がとれるかどうかは、何年分の過去問をやりつくせるかで決まってくるのです。もし過去問がないタイプの試験なら、先生のクセや好みを研究することです。これで、出る問題を絞っていくのです。

勝負においては、どれだけ敵を知ることができるかで勝敗が大きく決まってくるのです。ダイエットも勝負です。勝つか負けるか、やるかやられるかの世界なのです。そして、その敵が、本能なのです。

5　共感がダイエットを進める

疑問が生まれるとやる気は出ない

ダイエットは、やる気が出ないのが問題なのです。理由の1つは、本能に逆らっている点です。そもそも、本能という敵を知らないのが問題です。本能という敵をよく知らないで、敵に勝てるわけはないのです。しかし原因は、それだけではありません。

もう1つ大きな理由があります。それは、「自分が本に書いてあるダイエット法に深く納得できていない」ということです。ダイエット本は、著者からの提案です。「この運動は効果があります。おすすめです」と、著者が読者に訴えかけてくるものです。ところが、そこに疑問をもってしまうのです。「本当にそうなのかな」「私はちょっと体質が特殊だからな」……こう感じてしまうのです。

ダイエットは本能との戦いですから、ただでさえキツいものです。なのに、そこに疑問が加わると、継続云々の騒ぎではありません。そもそもの実行意欲すら薄れてしまうのです。

なぜ、疑問が生まれてしまうのでしょうか。それは、自分の経験とリンクしていないからです。

共感できる本こそが実践できる本

人間は、自分が経験したことのないことを、どんなに熱く伝えられてもダメなのです。理由の1

つは、相手に対する信頼が薄いからです。そして、共感が得られないからです。未経験のことは、まず、ピンときません。ですから「ふ〜ん、そうなんだぁ」で終わってしまうのです。アドバイスが、頭の中を右から左に流れていくのは、それをイメージできないからです。ダイエット本に対しても同じです。ピンとこないものが、実行継続できるわけはありません。「本当にそうなのかな……」「これでヤセられるのかな……」と思った時点で、実は答えが出ていたのです。これが、皆さんが、世のダイエット本に対して、やる気が出てこない理由です。

それに対して、自らの体験は強力です。自分の経験は、人からのアドバイスに比べて、その重みが格段に違うのです。自分は、自分に１００％の信頼を置いているからです。自分の目や耳は疑わないからです。

たとえ、幻を見たのであっても、「見たものは見た」と思うのです。本当は空耳であっても、「いや自分は確かに聞いた」となるのです。自分の経験は、自分にとっては絶対だからです。ですから、自身が経験したことは、やる気と行動につながってくるのです。

皆さんがダイエット本を選ぶ際の基準は、たった1つです。それは「共感」です。共感があるということは、自分に似たような経験があるということです。

ですから、実行が一気に楽になるのです。そして、迷いなく突き進めるのです。

「このダイエット法は共感できるな」こう感じた本が、皆さんにとってベストなダイエット本です。共感できる本こそが、実行継続ができる本なのです。

6　見とれるのには理由がある

あなたはおしゃれが好きですか、ステキな服が好きですか、かわいい小物が好きですか。世のほとんどの女性は、皆おしゃれが大好きです。なぜなら、ハッピーになれるからです。

おしゃれには2つの視点がある

そんなおしゃれですが、その効果は、実は、体型によってまったく違ってきます。

・スタイルのいい人は、何を着ていても、何を持っていても、いいように見てもらえる
・太った人は、何を着ていても、何を持っていても、マイナスにとらえられることがある

皆さんも、このような経験があるのではないでしょうか。どちらも、本人は、心からおしゃれを楽しんでいます。ですが、「体型によって、おしゃれのとらえ方が、真逆になってしまう」のです。

太っている人が、ゆるい服を着れば、体型隠しと思われてしまいます。太っている人が姿勢を正せば、割切りと捉えられてしまいます。ですが、スリムな人がゆるい服を着ると、「あ、おしゃれ」と思うのです。スリムな人が胸を張れば、「あ、さすが」となるのです。

これは、とても厳しい視点です。ですが、これは1つの事実なのです。そうとらえられてしまうことが、少なからずあるということです。自然とこう感じる人が多いのです。これが、スタイルの

与える影響です。それほどまでに、スタイルのもつ力は、とても強いのです。

服に見とれるのではなくスタイルに見とれる

同様に、太っていると、同じことをしても悪くとられてしまうことが、多々あります。もちろん、おしゃれに限ったことではありません。初対面のときの、第一印象もそうです。相手がスリムであれば、「あっ、スリムな人だな」と感じるはずです。反対に、太っていれば、「あっ、この人太ってるな……」と思ってしまうはずです。

もちろん、決して「体型を注意して見てみよう」と考えていたわけではありません。自然と、このような思考が湧いてくるのです。なぜなら、人間は、どうしても体型に目がいくからです。カラダはその人自身です。ですから、カラダと顔のセットで、人は人を認識するのです。

実際、スタイルのいい人は、何をしていても、様になります。何を着ていても、ステキです。無地のTシャツにジーンズだけのファッションがそうです。スタイルのいい人が、このファッションをしていると、つい見とれてしまいます。他のどんなファッションよりも見とれます。それは、すばらしいカラダの存在を感じるからです。ステキなプロポーションを感じるからです。そして、同時に、そこに努力を感じるからです。すばらしいカラダが、一朝一夕では生まれないことを、潜在的にわかっているからです。ですから、なおさら見とれるのです。見とれるというのは、こういうことです。スタイルがよくなければ、どんなにいい服を着ていても、見とれることはないのです。

7　本当のおしゃれさん

モデルのスタイルが服を際立たせている

あなたはブランド品が好きですか。

ブランド品が好きな女性は多いです。なぜなら、高価であり、モノがいいからです。それが、なおさらいい気分にしてくれるのです。ですが、イイモノであるだけに、スタイルの影響もいっそう大きく出てくるのです。

例えば、スタイルのいい人が、高級ブランドバッグを持っているとします。皆さんは、それを見てどう感じるでしょうか。「とてもステキだわ、よく似合っているわ」……自然にこう感じてしまうことがあるはずです。何ともいえないマッチングに、つい見とれてしまうことさえあるはずです。これが、ブランド品とスリムなスタイルの、ミックス効果です。

スタイルのいい人がブランドバックを持つと、それぞれの良さが、互いに高め合います。そして、その人を何倍もキレイに、ステキに見せてしまうのです。もちろん、本人だけでなく、バッグのほうも、よりステキに映ります。

この効果は、ファッションモデルの原理に使われています。ファッションショーは、あくまで服が主役です。どれだけ服をステキに見せるかが勝負どころです。そのために、スタイル抜群のモデルという素材を、活用しているのです。その結果、服のイメージがグンと上がります。いっそうおしゃれでファッショナブルなものに見えてくるのです。モデルのイメージを吸収して、プラスアルファの効果を引き出すのです。

「がんばっている感」は太っている人しかでない

しかし、太った人であれば、まったく違ったものになってしまいます。スリムな人のときと同じような印象にはならないのです。「あんまり似合ってないな」「何かバッグが浮いちゃってるな」と感じた経験もあるはずです。

それだけではありません。「がんばっている感」が出てきてしまうのです。「自分には自信がないからブランドバッグで勝負しよう」という意気込みが、にじみ出るのです。

これが逆に、コンプレックス感をにおわせてしまいます。「がんばっている感」というのは、スタイルがいい人に対して感じることはありません。スタイルがよくない人に対して感じられるものなのです。よくない人用の言葉なのです。しかし、それほどまでに、スタイルの良し悪しからくる影響が、大きいということなのです。

実は、スタイルが良い悪いで、まったく逆のことが起きてしまいます。スタイルが良ければ、自分とバッグが高め合ってくれるのですが、スタイルが悪いと、高め合うどころか、逆に、低め合ってしまったりするのです。体型を、ブランドバッグやおしゃれな服で「カバーしよう」というどころではありません。低め合いをしてしまうのです。これが最も恐ろしいことなのです。

もちろん、このことは、ノーブランドの服やバッグでも同じです。スタイルのいい人が、ノーブランドの服を着ていたらどうでしょうか。「あの人は何着ても似合ってかっこいいわね」「あえてノーブランドを着るなんてステキね」「本当のおしゃれとは何かをわかっているわね」となるはずです。あることないこと、いいようにとってもらえるのです。無地のTシャツにジーパンでも、「本当のおしゃれさん」になってしまうのです。

ですが、太った人だとこうはいきません。太った人がTシャツとジーパンでいると、「もう服に興味ないのね」となってしまうのです。

ダイエットは自分次第

これが、スタイルの良し悪しがもたらす、決定的な違いです。その違いは、微々たるものではありません。180度違うし、何倍にも違ってくるのです。そして、最も恐ろしいのは、「その人の考え方や性格まで決めてしまう」ことです。高め合い低め合い云々《うんぬん》の問題ではないのです。

体型を見ただけで、その人がどういう人かを、勝手につくりあげてしまうのです。その人は、ただ自分の好きな服を着ているだけです。ただブランド物が好きなだけなのです。ただ、シンプルな服やノーブランドが大好きで、着ているだけです。にもかかわらず、太っているというだけで「体型をカバーしようとしているのね」「おしゃれにはもう興味ないのね」このような考え方を、見ている側に勝手に生み出してしまうのです。

はっきりいって、本人の気持ちなんて、見る人にはまったく関係ないのです。体型がすべてを決めてしまうのです。似合う似合わないの話ではありません。その人の意識さえも、勝手に決めてしまうのです。

「あの人は太っているから意志が弱い人ね」という決めつけもそうです。しかし、これも人間の特性なのです。そう感じる側は、何も悪いわけではないのです。

ですが、このことは、スタイルのいい人にとっては、非常に好都合なことです。スタイルのいい人は、やることなすこと、とにかくいいようにとらえてもらえるからです。ですから、スタイルのいい人になりさえすれば、この恩恵をすべて受けられるのです。

体型は、自分次第です。自分ですべてを決めることができるのが、体型なのです。

これが、カラダのいいところなのです。テストでいい点を取るのとは違います。売上を上げるのとも違います。関係者は自分だけという世界が、カラダの世界なのです。スリムな側になりたいのであれば、なれる世界なのです。自分がやるかやらないかだけの世界なのです。

おしゃれが大好きなのに、今太ってしまっているという方は、非常にもったいないことです。スリムになれば、自分のセンスが何倍も生きてきます。おしゃれの効果を、何倍にも高めることができます。おしゃれ人生を、何倍も楽しむことができるのです。髪型も服もばっちりキメて、さっそうと歩くあなたが、最大の輝きを放つことになるのです。

8　ファッションとはスタイルである

皆さんは、ファッション雑誌に載っている服を買ったことがあるでしょうか。雑誌に載っている服は、どれもとてもステキです。ついつい欲しくなってしまいます。

イメージどおりにならないのは自分のせい

では、実際、服を買ってみてどうだったでしょうか。バッチリ想像どおりだったでしょうか。「あれ？　イメージしていたのと違う」という経験をしたことはありませんか。もちろん、私もあります。想定外のアクシデントです。

では、なぜこのようなアクシデントが起こってしまったのでしょうか。もしかして、似ているけど違う服が送られてきたのでしょうか。いいえ、そんなことはないはずです。間違いなく、雑誌に載っている服であるはずです。では、なぜなのでしょうか。何が雑誌と違うのでしょうか。

それは、着ている人が違うのです。というよりも、雑誌と違うのは着ている人だけです。ということは、試着してイメージと違っていたのは、自分というモデルが原因なのです。雑誌の服がかわいくみえたのは、スタイルのいいモデルが着ていたからです。服、バッグ、アクセサリー、すべて同じです。スタイルのいいモデルだから、映えていたのです。ある意味、錯覚です。しかしこれは理屈ではありません。人間の目とはそういうものなのです。

スリムなカラダが最大のおしゃれ

では、どうすればいいのでしょうか。

それはもちろん、皆さんがモデルのようなスタイルになればいいのです。たったそれだけです。実は、一番のおしゃれとは、カラダメイクなのです。どんなにステキな服を着たとしても、かわいいバッグを持ったとしても、モデルとなる本人の体型がよくなければ、決まらないのです。

ファッションは、服が主役ではありません。「本人が主役」なのです。本人を着飾るものが、服飾なのです。街で見た「あの人ステキだな」「おしゃれだな」と感じる人は、必ずスリムな人であるはずです。スリムでなければ、決してそうは感じないのです。

おしゃれな人ほど、服ではなく、自身の体型にこだわります。カラダを磨いています。実は、スタイルがよくなると、過度なおしゃれ自体が、必要ないものになってくるのです。なぜなら、シンプルであればあるほど、キレイであり、カッコよく見えるからです。モデルを見ていてもそうです。服を何枚も重ね着しているよりは、薄いシャツを一枚サラッと羽織っている状態が、一番似合っています。グッと惹かれます。

スタイルのいい人が、薄手のドレスをまとっているとステキです。どんなおしゃれ着よりも、オーラを感じます。その人が最も映えるのです。なぜなら、ファッションの軸がカラダになっているからです。これが、「まとう」という感覚です。

本人を際立たせるものが、服です。ですから、おしゃれとは、服ではありません。本人そのものなのです。本人がおしゃれであれば、それはもうおしゃれなのです。

本人がどれだけステキかどうかで、おしゃれがおしゃれになるかが決まるのです。そして、それがカラダです。最大のおしゃれとは、すばらしいカラダそのものなのです。

❷ ダイエットの本質を知る

1　ゴールのない人が失敗してしまう

ヤセることだけに目を向けてはいけない

あなたは、どんなカラダになりたいですか、ただヤセられれば、それで満足ですか。

本書は、ダイエット法をお伝えする本ですから、「ヤセる」という言葉を、普通に使っています。「ヤセる」「ヤセたい」という言葉は、ごく自然な言葉です。ダイエットを願う人は、誰もが必ず思い浮かべるものです。ですが、この自然な一言に、大きな落とし穴が隠されているのです。

すでにガリガリなのに、「まだヤセなきゃ」といっている人がいます。傍から見ると、「いやいや、もうヤセなくていいでしょう」と思います。ですが、彼女にとっては、ダイエットはまだ終わっていないのです。

そうはいっても、彼女は明らかにヤセすぎています。「もっとふっくらさせたほうが健康的で自然なのに」と、周りの人は思っているのです。しかし、彼女にはそんなことは関係ありません。もっとヤセようと考えています。なぜ、彼女はこうなってしまったのでしょうか。

それは、1つは、自分のことを客観視できていないからです。気分でダイエットをしているからです。もう1つは、自分の目標をはっきりわかっていないからです。ゴールが見えていないということです。ですから彼女は、天まで無限に伸びている階段をただどんどん登っているのです。

自分のゴールはどこなのかを決める

ダイエットで大切なのは、ヤセるという言葉をどこまで深く考えられるかです。「ヤセる」と「なりたいカラダになる」は、まったく違います。たとえヤセることはできても、なりたいカラダになれなければ、それは成功とはいえないのです。

世の一般常識は、「ダイエット＝ヤセる」です。ですが、これでダイエットをスタートしてしまうと、大失敗してしまいます。なぜなら、ゴールが決まっていないからです。ゴールを決めないと、彼女のように、「まだだ、まだだ」となってしまうのです。いつ終わっていいかが、わからなくなるのです。それが最悪、拒食症にもつながってしまいます。

ゴールが決まっていないということは、自分がどうやせたいかをわかっていないということです。どうヤセたいのかとは、例えば「自分はどのくらいヤセたいのか」「何キロになりたいのか」です。これは、ゴールとしては、最低限、必要なレベルです。

なかには、体重ではなくて、「見た目でこのくらいになればいい」「ウエストが何センチになったらOK」「二の腕のたぷたぷがなくなればいい」という人もいます。これも1つのゴールです。

こう考えると、みんなそれぞれゴールが違うことに気づきます。実はそれは当たり前です。皆それぞれ、思い描いているものが違うからです。ですが、このような単純なゴールさえも、自分でわかっていない人が多いのです。ただ「とにかくヤセる」というだけの人が、非常に多いのです。

ダイエットは、ゴールがあやふやであればあるほど、失敗してしまいます。ゴールのイメージが単純であればあるほど、失敗してしまうのです。

ですが、ゴールを決めるということは、とても難しいことなのです。一見すると、自分の目標ですから、すぐに答えが出るように思います。ですが、ほとんどの人が、正しいゴールを決めることができません。実は、ダイエットに失敗してしまった人は、ゴール設定を誤ってしまった人なのです。

どんなタイプのヤセた人にもなる可能性がある

街には、たくさんのヤセた人がいます。しかし、人それぞれヤセ方がまったく違います。栄養不足っぽくヤセている人、細くても脂肪感のある人、顔だけヤセている人……。ジャンルは同じでも、「種類」が違うのです。つまり、いろんなタイプのヤセた人がいるということです。

つまり、ヤセるというのは、無限のバリエーションがあるということです。体重が10キロ減ることではないのです。ウエストのサイズが5センチ縮まることではないのです。その結果、「どんなヤセた人」になるかです。これが「ヤセる」ということです。すなわち、皆さんがヤセることに対するゴールを決めるとき、このようなバリエーションを想定することが大切なのです。「どういう感じのヤセた人になりたいのか」ということです。

ヤセるには、制限も型もありません。どんなタイプのヤセた人にもなることができるのです。逆にいえば、どんなタイプのヤセた人にも、なってしまう可能性があるということです。皆さんが、苦労してダイエットした結果、「体重は落ちたけど、なりたくないカラダになってしまった」というのでは、本末転倒です。これは、まぎれもなくダイエット失敗なのです。

正しいゴールがあれば拒食症にはならない

ダイエットにハマってしまった人で、最も陥りやすいものが、「食べるのがこわくて、食べられなくなってしまった」「ダイエットがやめられなくなってしまった」というものです。いわゆる拒食症です。先にあげた、無限にダイエットし続けてしまう女性もそうです。

これは、自分がどうヤセたいのかを、しっかりと意識していなかった人がなってしまうものです。ただ単に、「とにかくヤセたい」という目標だけを掲げてスタートを切ってしまうと、こうなってしまいます。その結果、栄養不足の不健康なカラダになってしまったり、ヤセすぎてガリガリになってしまったりするのです。「なりたくないヤセた人」になってしまうのです。

拒食症や栄養不足になってしまうと、明らかなダイエット失敗です。失敗どころか、拒食症は、とても大変な病気です。カラダがぼろぼろになるだけでなく、普通に食べられるように回復するまでには、何年もの月日がかかることもあります。心が病んでしまうからです。

なりたいカラダになるには、正しいゴールの設定が必要不可欠です。正しいゴールを決めるということは、客観的に考えるということです。

皆さんは、どういうヤセた人になりたいですか。どんなふうに見られたいですか。この答えが、皆さんのゴールです。どれだけ正しいゴールを設定できたかで、ダイエットの成否が決まるのです。

2　成功するゴールの定め方

皆さんは、自分のカラダの特徴をわかっていますか。

自分の目指す理想的なカラダに対して、どこをどうすればいいかがわかっていますか。

トータルバランスで考える

これらのことは、皆さんがダイエットを始める前に、知っておかなければならないことです。先にゴールの話をしました。これらは、ゴールの設定とゴールへ向かう道筋に関係します。なりたいカラダになるためには、今の自分のカラダのことを知っておかなければなりません。登山でもそうです。頂上に辿り着くには、今の自分の状況と頂上を知る必要があるのです。

そしてさらに、「ゴールまであとどれだけあるのか」「今の体力で辿り着くことができるのか」「どんなペース配分でいけば夕ぐれには帰ってこれるのか」「この装備で大丈夫なのか」「頂上の天候はどうなのか」……、このようなチェックが必要なのです。

何も考えず、ただ頂上だけをめざしていると、途中で体力が尽きてしまいます。頂上まで辿り着くことができたとしても、体調を崩してしまっています。予定時刻もオーバーしてしまうのです。これでは、いい頂上にはなりません。「うわぁ、すばらしい頂上だ」「いい登山だった」……こうなるためには、今の自分とゴールをしっかりと分析することが大切なのです。

ゴールとは、目標です。目標をはっきりさせるということは、軸がブレないということです。これを怠ってしまうと、誤ったダイエットに向かってしまう危険性があります。それどころか、ただヤセることだけに夢中になってしまうと、拒食症になってしまうおそれもあります。

さらには、自分の長所すら、誤って潰してしまうことにもなりかねません。長所は長所としてしっかりと保持していくことが大切です。長所を潰してしまっては、はっきりいって、カラダメイクの失敗です。なぜなら、スタイルとはトータルバランスだからです。

どんなにウエストがキュッとしていても、お尻がたれていてはキレイには見えないのです。どんなにすばらしい美脚でも、二の腕がプルプルではキレイには見えないのです。街で見とれるようなステキな人は、トータルバランスがキレイなのです。ステキというときに、どこがどうだからステキとは考えません。「パッと見、ステキ」だからステキなのです。これが、ステキということです。

長所と短所を客観的に見る

つまり、短所を改善しても、長所がなくなれば意味がないということです。どれだけ全体的によくしていけるかが大切なのです。

ですが、自分のカラダの長所、短所をはっきりさせるというのは、意外に難しいことです。皆さんは、自分のカラダの長所がどこで短所がどこかを、わかっているでしょうか。そして、本当にそれが、長所であり短所なのでしょうか。

人間は、比較する生き物です。無意識にさえ、優劣をつけようとしてしまいます。ですから、そこにコンプレックスが生まれるのです。

さらに、必要以上にコンプレックスをもってしまうのも人間です。誤った偏見さえももってしまいます。自分では「ここが嫌だな」と思っていても、他人から見ると「えっ、そこはいいとこなに」と、意見が違ったりすることがあるのです。

自分でコンプレックスだと思い込んでいることが、実はあやしかったりするのです。コンプレックスは事実ではないということです。あくまで主観だということです。

ダイエットやカラダづくりは、明るい未来をつくり出すためにやるものです。ですから、後で後悔してしまうようなことは、避けなくてはなりません。

本当のなりたいカラダになることができなかったという結果になってしまっては、本末転倒なのです。

そのためには、「今の自分のカラダを客観的に見てみる」ということが大切です。それは、トータルバランスとして考えるということでもあります。そして、そのうえで、どこをどう変えたいんだという目標を、きちんと定めることが大切なのです。

このようなしっかりとした準備が、皆さんのダイエットを本当の成功に導いてくれるのです。

3 ヤセる仕組みはシンプル

どんなダイエット法であれ、人間のヤセる仕組みがベースであることには、変わりありません。ですから、この仕組みを把握しておかないと、決してダイエットを先に進めることはできません。

とはいえ、人間のカラダの仕組みについては、私より皆さんのほうがずっと詳しいと思います。

ただ、ここで私が、皆さんにお伝えすることは、たった1つのことだけです。それは、「摂取カロリーと消費カロリーの差」が、すべての人間の太るヤセるを決定しているという点です。

実のところ、「ヤセる」ということに関しての知識は、これさえ知っておけば充分なのです。もちろん、栄養バランスのいい正しい食生活を行うことは大前提です。

ただ、そういう部分は別として、単に「ヤセる」という現象に関していえば、「消費カロリーが摂取カロリーより大きくなればよい」ということに尽きるのです。

ダイエットに成功している人は、何も特別なことをしているわけではありません。もちろん、どんなダイエット法を使っているかは人それぞれですが、あくまでこの原理が軸なのです。

消費カロリーの計算は難しい

こう考えると、ダイエットはとても単純で、簡単な数値ゲームのようにさえ思えてきます。最近では、あらゆる食品や料理に対して、カロリー表示がされています。コンビニのお弁当にしても、レストランのメニューにしても、ほとんどがカロリー表示入りです。ダイエットをするうえでは、非常に便利で都合のよい時代になっているのは確かです。

ただ、そうはいっても、実際には、そう思うように計算できません。消費カロリーを摂取カロリーより大きくするというのは、なかなかできないはずです。それは、消費カロリーがはっきりしないからです。

消費カロリーを構成するものは、大きく2つあります。「運動代謝」と「基礎代謝」です。

運動代謝とは、エクササイズや運動による消費です。水泳が○○カロリー、ウォーキングが○○カロリー……、と本に書かれています。

ですが、これは、実際には、ほとんど役に立ちません。なぜなら、エクササイズのやり方によって、数値がまったく変わってしまうからです。

同じ30分でも、水泳選手のようにガンガン泳ぐ人と、お遊びモードでぱちゃぱちゃやっている人とでは、カロリー消費に雲泥の差が出ます。泳ぎ方も、バタフライで飛ぶように泳いでいるのと、ビート板でバタバタやるのとでは、何倍も違います。

それ以前に、私たちは、日常生活のなかで、たくさんの移動や活動をしています。ですから、そもそも運動代謝量はまったくわからないといっても、過言ではありません。

もちろん、基礎代謝についても個人差があります。ですから消費カロリーの計算は難しいのです。

実際、消費カロリーを計算をしている人は、ごくわずかです。

摂取カロリーに目が向いてしまうと失敗する

そうなると、どうしても「摂取カロリー」に目が向いてしまうことになります。ある程度しっかりした計算ができるからです。ですから皆、しきりに計算をしているのです。

「カツ丼は何キロカロリーだからダメだ」「今日はカロリーを摂りすぎたから、夜は野菜スティックだけにしなきゃ」と、こうやっているのです。実は、ここに、大きな落とし穴があるのです。それは、これまでもお伝えした「拒食」と「栄養不足」という問題です。

実は、拒食や栄養不足になってしまった人は、摂取カロリーばかりにとらわれてしまった人なのです。いいかえれば「楽してヤセよう」と考えてしまった人でもあります。さらには、「目標を誤ってしまった人である」ともいえます。

ダイエットで大切なのは、摂取カロリーと消費カロリーの両方を意識することです。いかにバランスよく双方を調整していくかが、キレイなカラダを生むのです。というよりも、消費カロリー重視のダイエットこそが、本当は理想的なダイエットです。

確かに、消費カロリーは、計算しても意味がないほど、あいまいなものではあります。しかし、消費カロリーを知る方法が、全くないわけではありません。

例えば、普段の日常生活を送りながら、同時に、1日の自分の摂取カロリーを計算します。それを数日間行い、その結果と、自分の体重変化を比較することで、自分の日常生活のおおよその消費カロリーがわかります。それをベースにすれば、ある程度の計算ができてきます。

ここで大事なのは、カロリー計算をするということではありません。摂取カロリーにとらわれたダイエットをしてはいけないということなのです。

ダイエットに失敗している人は、摂取カロリーを減らすことばかり追求してしまった人です。逆に、ダイエットに成功している人は、消費カロリーを増やすことに力を注いだ人です。この違いが、ダイエットの成否を分ける、決定的な原因なのです。

食べ物のカロリーばかりを
追求しすぎないことが大切。

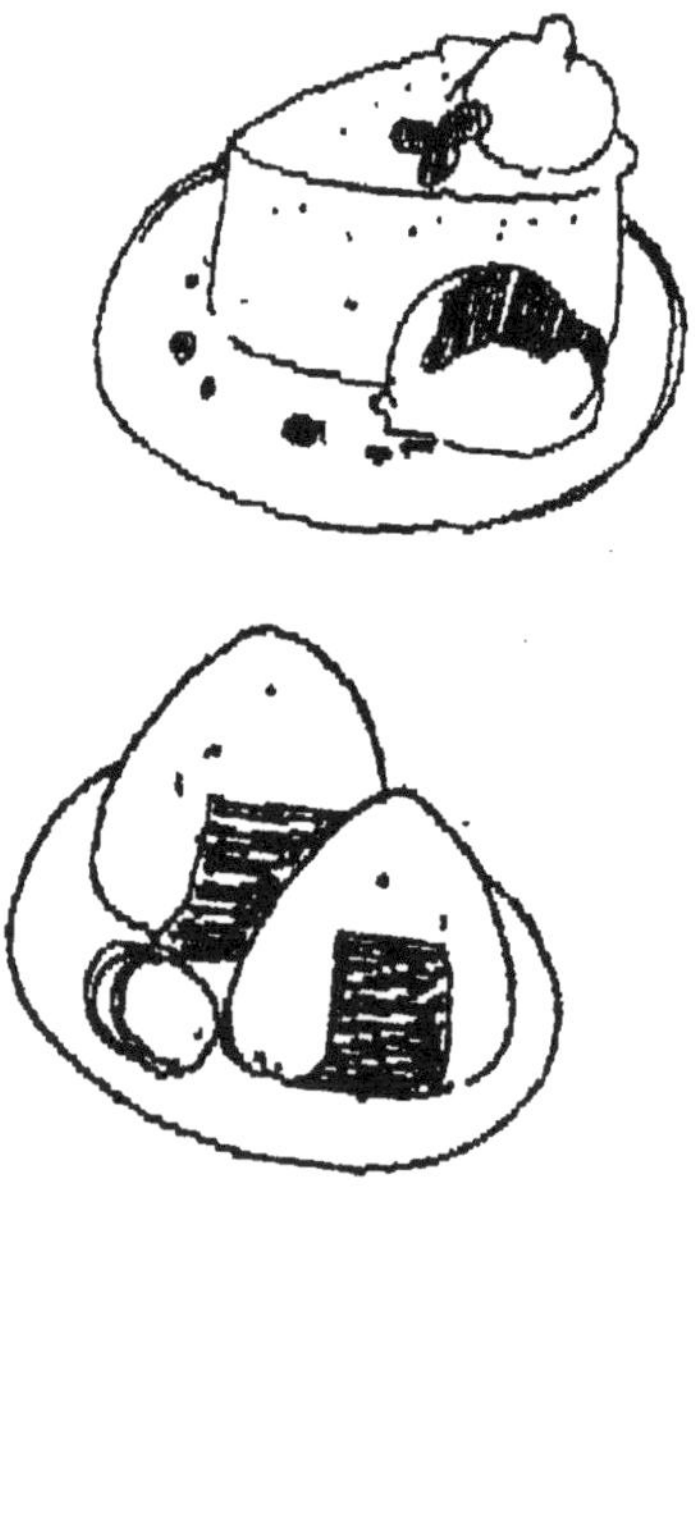

4 食欲がダイエットの最大の敵

人間が太るかヤセるかは「摂取カロリーと消費カロリーの差」が決めています。ダイエットとは、この差をいかに生み出すかなのです。

ムダなカロリー摂取をなくすことが基本

単純にいえば、摂取カロリーを減らせば、とりあえずヤセる方向に進んでいきます。そもそも、太っている人は、ほとんどの方が摂取カロリー過多です。いわゆる食べすぎです。運動云々《うんぬん》の前に、食べすぎている人が多いのです。

しかも、この食べすぎは、主食ではありません。オヤツや間食の食べすぎなのです。これが、太っている人の、太っているゆえんなのです。

消費カロリーを増やすことは、確かにとても大切です。しかし、オヤツをパクパク食べている今の状態で、消費カロリーを増やしても意味がないのです。もったいなさすぎるのです。

ケーキ1個とランニング30分は、おおよそ同じカロリーです。ケーキ1個を食べた後に、ランニングを30分してトントンということです。これで現状維持です。

ケーキを食べてヤセるには、ランニングをもう30分しなければならないことになります。ですが、ランニング1時間はキツイです。そう簡単に続くものではありません。ですから、アウトです。

それよりは、ケーキを半分にして、トータルのランニング量を減らすほうが、賢いやり方です。なぜなら、ケーキはオヤツだからです。カラダにとってはあってもなくてもいいものだからです。単に気分で食べているにすぎないからです。

ここに、摂取カロリーを減らす意味があるのです。むやみに消費カロリーを増やせばいいということではないのです。効率と継続性の問題です。

ですから、まずは、「ムダな摂取をどうにかする」というのが、ダイエットの基本なのです。そうはいっても、この、摂取カロリーを減らすということが、難しいのです。なぜなら、ダイエットに成功できない人は、ケーキをやめたいけどやめられない人だからです。「摂取カロリーを減らす」というのは、ダイエットの基本であると同時に、最大の壁なのです。ここさえ乗り越えれば、ダイエットは大きく先に進むのです。

食欲に対する戦い方が間違っている

では、なぜ、余計なケーキをやめることができないのでしょうか。それは、そこに「食欲」があるからです。あの本能があるからです。

しかも、食欲は、ただの本能ではありません。人間の三大本能の1つなのです。人間が生きていくために神様が与えた三大欲の1つだから、あらゆる本能のなかでも群を抜いて強いのです。最大の壁となり得るのです。ダイエットのカギは食欲の克服だとわかっていても、それができない理由がこれです。強すぎて太刀打ちできないということです。そもそも、人間は、食欲に勝てなくて当然なのです。勝った人は、神様に勝ったことになります。

そうはいっても、食欲がダイエットの成否を握っていることは確かです。ほとんどのダイエット経験者が、「ダイエットは、この食欲を克服できるかで決まる」との共通意識をもっています。

この認識は、今のダイエットの常識です。もちろん、世にあるダイエット本も同じです。「ごはんは腹八分目でやめましょう」「ケーキをガマンしましょう」このように書いています。

しかし、そこには、食欲に対する戦い方は書いていません。「ガマンと根性です」「強い意志です」「そこはあなたが何とかしてね」と、100％読者任せなのです。こと食欲に関しては、ノータッチなのです。しかし、これはある意味、仕方がありません。「どうにもできない」「根性しかない」と、皆が認めてしまっているからです。

ですが、私からすれば「食欲に根性で勝つなんてそんなのムリです」といいたくなります。「神様とケンカして勝てるわけありません」と勝負を放棄してしまいます。「そんなことより食欲を何とかする方法を教えてほしい」、こう思ってしまうのです。

常識を打ち破らなければならない

ガマンや根性で食欲を押さえ込むことは、一応、できなくはありません。数回ならできます。ですが、決して続かないのです。なぜなら、食欲は消えないからです。

食欲を辛抱強くガマンしていれば、やがて消えてなくなってくれるなんてことは決してありません。それどころか、ガマンすればするほど強くなっていきます。そして最後には、理性がとびます。他人の食べ物を奪ってでも、動物は共食いをしてさえも、食欲を満たすことになるのです。これが、食欲が三大欲たるゆえんです。

これは、睡眠欲でも同じです。徹夜をすると、やっぱり翌日は、その分寝てしまうのです。なぜなら、この欲を満たさないと生きていけないからです。意識ではなくカラダの問題だからです。生きるための欲というのは、それほど強いものなのです。

つまり、食欲に対して、ガマンや根性で戦うという発想自体が、大きく間違っているのです。この考え方が、今のダイエットの常識になっている時点で、先は見えていたのです。この常識が常識としてある限り、世の中がダイエットに成功しない人であふれかえることは明白です。皆さんがこれまで「がんばったけどうまくいかなかった」というのは、必然だったのです。もちろん、誰が悪いわけでもありません。強いていうなら、神さまのせいです。

ですから、そもそも、食欲を押さえ込もうという考え方自体が、ナンセンスなのです。神様に戦いを挑むようなものだからです。どう転んでも勝てる勝負ではないのです。これが、食欲という敵なのです。

5 本能に逆らわないダイエット

ダイエットの最大の敵は、食欲です。食欲をどうにかできない限りは、先に進めません。決して避けては通れない存在なのです。にもかかわらず、これがとてつもなく強い敵なのです。ちょっとやそっとでは倒せない、不死身の敵です。これが、ダイエットの最大の壁なのです。

しかし、ダイエットの敵は、それだけではありません。「ストレス」という敵がいるのです。

ダイエットの最大の敵はストレス

これまで、皆さんは、ガマンや根性でダイエットを進めてきたはずです。なぜなら、どのダイエット本も、「食事のあとのデザートをガマンしてください」「面倒くさくても毎日がんばって続けてください」「強い意志と根性がないとダイエットには成功できません」、このように書いているからです。ですから、皆さんはこのとおりにやってきたのです。先駆者の意見を信じてがんばってきたのです。ですが、思うように実行できなかったはずです。継続ができなかったはずです。

それは、1つは、食欲のせいです。食欲は、ガマンや根性で勝てるものではないからです。意志が強い弱いというレベルの話でもないからです。これが、皆さんがこれまでダイエットが続かなかった原因です。

ですが、実は、もう1つ原因があります。それは、「ストレス」です。ガマンや根性の何がよくないかというと、ストレスが発生するからです。目の前にケーキが出てきて、「ガマンしてね」と言われると、「うぐぐ・・・」となります。隣で妹がポテチをパリパリ食べはじめたのを見て、「うわぁ、私も食べたい〜、でもダイエット中だからガマンしなきゃ」となったときに、「うぎぎ……」となります。これで、ドンとストレスがたまるのです。思わず胸をかきむしりたくなるはずです。

おなかが空いているときのガマンは、主に食欲との戦いです。ですが、おなかが空いていないときのガマンは、ストレスとの戦いなのです。食欲に勝てないのは、この両者に負けてしまうからです。ストレスとは、食欲と並ぶ、ダイエットの最大の敵なのです。はっきりいって、ストレスさえなければ、皆、ダイエットに成功しているはずなのです。

ストレスは、好きなものや食べたいものをガマンするときに発生します。目の前に、生のニンジンが出てきたとき、それを食べなくてもストレスはたまりません。それは、生のニンジンを欲していないからです。ですが、大好物のケーキであれば、もがきます。しかも、手を延ばせば、簡単に食べられてしまいます。お金を払えば、すぐ手に入ります。ですから、なおさらストレスがたまるのです。

ストレスがたまると、理性が飛びます。目の前にケーキを置いたまま、ひたすらガマンしていると、あるときプツンと何かが切れます。そして、気づいたらケーキに顔を突っ込んでいた、という状況が生まれてしまうのです。

理性が飛ぶということは、本能だということです。ストレスも、ある意味、本能なのです。ですから、食欲と同じようにストレスにも勝てないのです。

本能に逆らわないダイエットこそが成功する

これまで、皆さんが、ダイエットを中断したときの状況はどうだったでしょうか。「あぁ～、こんなガマンなんてもうイヤだ、もうやめる！」「ランニングなんて、しんどくてもうやってられないわ、え～い、やめちゃえ」、こうなったはずです。

これは、まぎれもなく、ストレスが原因なのです。ストレスが弾けると、人間は、ポイッと投げ捨ててしまいます。「どうでもいいや」になるのです。そして、そこから、ただひたすら本能に身を委ねていくのです。

食べたいものを食べ、ダラダラしたいだけダラダラしてしまいます。その本能への委ね方は、尋常ではなくなります。弾けるまでストレスがたまっていた分、はね返ってくるのです。これがリバウンドです。

リバウンドは、ガマンと根性でがんばりすぎたからなるのです。がんばっていない人はなりません。リバウンドしたということは、それまでにその人は、必死でがんばったということです。

ガマンや根性でがんばった人は、すばらしいです。がんばれない人が山ほどいるからです。ただ、がんばりの矛先が少し逸《そ》れてしまっていたのです。世の中の常識に矛先を向けていたからです。

ガマンや根性でがんばるということは、必ずリバウンドするということです。つまり、ガマンや根性とリバウンドは「セット」だということです。「ヤセて、リバウンドして、もとに戻る」までが、ワンセットなのです。

正しいダイエットとは、ガマンや根性に頼らないダイエットです。本能に逆らわないダイエットです。つまり、ダイエットをしている最中に、「なんか精神的にしんどいな」「私、今ガマンしてるな」、こう感じたら、それは失敗するダイエットだということです。

どれだけストレスを感じないダイエットをするかで、成否が決まるのです。どれだけがんばりのないダイエットをするかで、勝負が決まるのです。

6 ダイエットには裏技がある

カラダが必要なものを欲するのが食欲

世の中には、○○だけダイエット、○○抜きダイエットといった、ある種類の食品に特化したダイエット法があります。ですが、実際にやってみると、そううまくいかないはずです。

これらの方法に、挫折やリバウンドが多いのは、食欲に真っ向から逆らっているからです。なぜなら、人間である限り、いろんなものが食べたくなるからです。どんなにカレーライスが好きでも、そればっかり食べていたら必ず飽きてしまいます。どうしても他のものが食べたくなります。

それは、カラダが必要な栄養素を求めるからです。塩分、糖分、脂肪分、カルシウム、炭水化物、たんぱく質、ビタミン、ミネラル……、私たちが健康的に生きていくためには、実に様々な栄養素が必要なのです。ですから、私たちは、いろんな物が食べたくなるのです。もちろん、そこに意志はありません。カラダと脳が決めるのです。これもまた、食欲の大きな特徴なのです。

食欲に立ち向かわず攻略する

ダイエットの敵は本能です。ですから、ガマンや根性に頼っていては成功できません。皆さんが、まず第一にやることは、これまでの概念を払拭することです。「ダイエットはガマンとがんばりの成果だ」という誤った認識を捨てることです。そして、まったく別の見方に変えていく必要があります。食欲をどうやれば攻略できるのかに、視点を向けていくのです。

では、いったいどうすればいいのでしょうか。

それは、食欲に対する「挑み方」を変えるのです。

これまでは、意志やガマンで真っ向から勝負を挑んでいました。ですから負けたのです。したがって、食欲に真っ向から立ち向かわない方法で、食欲を攻略するのです。

実は、それが、本能ダイエット法です。本能ダイエット法は、食欲と正面切って戦うようなことはしません。食欲を「攻略する、克服する」というスタンスで挑むのです。

食欲とは、いわば、不死身のボスです。もし、目の前に、不死身のボスが立ちはだかったら、皆さんはどうするでしょうか。どうやっても決して勝つことができない、不死身の敵が現れたらどうしますか。

普通に考えると、諦めるか逃げる、という選択肢に目が向いてしまいます。どう戦っても、勝ち目がない敵だからです。

ですが、ダイエットを成功させるためには、食欲という敵から逃げることはできません。食欲の攻略を諦めることもできません。なぜならダイエットという道は一本道だからです。この食欲という敵の向こう側に、成功への道が伸びていることは事実だからです。ですから、何とかしてこの敵を攻略し、向こう側にいかなければならないのです。

食欲は何とかしさえすればいい

では、どうすればいいのでしょうか。それは、1つは、「通り抜ける」という方法です。透明人間のようになって、この敵を通り抜け、道の向こう側に行くのです。戦っても倒せない不死身のボスは、まったくノータッチにして、放置するのです。放置したまま、スルーすればいいわけです。これが、「食欲に戦わずして勝つ」という道です。

実際、このような考え方は、世の中に数多く存在しています。わかりやすい例だと、テレビゲームです。ゲームでは、しばしば不死身のボスが現れます。ですが、当然のことながら、そのボスを何とかしないと先に進めません。

そこでどうするかというと、裏技を使うのです。決して直接戦ったりはしません。アイテムを使うのです。アイテムを使って倒すこともあれば、眠らせてしまうこともあります。自分を透明にしてすり抜けることもあります。

つまり、裏技で攻略するのです。これが、「何とかする」ということです。別に、倒す必要はないのです。何とかしさえすればいいのです。

ダイエットも同じです。ダイエットにも、裏技があります。それが、「人間の特性」なのです。ですが、この裏技は、本当は裏技ではなく、王道です。ダイエットの本質そのものなのです。つまり、本能ダイエット法は、裏技でもあり、王道でもあり、本質でもある、ということです。そして、ゲームでいう裏技アイテムなのです。

7　ダイエットと遺伝の関係

人間は、皆同じではありません。少しずつ何かが異なっています。それは、多くは親から受け継いだものです。遺伝の要素が強いのです。体型、体質、顔形の個人差は、ベースは遺伝です。

とはいえ、太るかヤセるかは、あくまで摂取カロリーと消費カロリーの差で決まります。しかし、そこで、次のような意見がある方も多いはずです。「体質とか遺伝があるんじゃない?」「いくら食べても太らない人とかいるし」「私なんて水でも太るのよ」、これは、確かに気になる部分です。

もちろん、以前の私も、こう思っていました。ですが、実はそうではありません。体質や遺伝というのは、基本的に大差がないのです。人間、そのあたりは、だいたい同じようにできているのです。

スリムな人も食べれば太る

子どもの頃、私の近所には、とてもスリムなおじさんがいました。小さい頃からずっと一定の体型で、もちろん太ったことなどありません。ですから私は、いわゆるヤセ型の人だと思っていました。自分とは違う体質だと思っていました。

そのおじさんはヘビースモーカーです。タバコが心の友といった感じです。ところが、あるとき、ふとしたことから禁煙することにしたのです。理由は定かではありませんが、おそらく健康上の理由だったはずです。とにかく、禁煙をスタートしたのです。するとどうでしょう。何と、おじさんは、みるみるうちに太っていったのです。しかも、禁煙と同じペースで太っていくのです。

禁煙をしているのか、増量をしているのか、どちらが目標なのかがわからないくらいです。もうびっくりしました。何十年も、昔からずっとスリムなおじさんが、はじめて太ったのです。そして驚いたことに、そのおじさんは、普通を通り越して太った人の部類にまで達したのです。

このときは、目を疑いました。メガネをかけ忘れたのかと思ったほどです。このおじさんは絶対に太らない体質の人だと思っていたのですから。このおじさんが太ることなんて、想像すらできなかったのですから……。それが、ものの見事に太ったのです。「この人はあのおじさんではない、違う人だ」、こう思いそうでした。

では、なぜ、このおじさんは太ったのでしょうか。私は気になって仕方がなかったので、おじさんに聞いてみたのです。「最近太りましたね。なぜ太ったのですか?」すると、おじさんはこう言ったのです。「タバコやめたら口さみしくなってね。飴やお菓子を、たくさんつまむようになったんだよ」。

これが答えです。おじさんが太った原因は「食べた」からです。今まで以上にたくさん食べたからぷくぷく太ったのです。しかも、オヤツをです。私は、これでピンときたのです。「太る・ヤセるに、体質は、基本的には関係ない」ということに気づいたのです。

スリムな人は、スリムになる生活スタイルをしているのです。太らないのは、ただ余分に食べないからにすぎないということです。どんなにスリムな人でも、オヤツを食べすぎると太るのです。

この事件は、私にとって衝撃的なものでした。おじさんが、おじさんでなくなった瞬間です。ですが、この事件のおかげで、とても貴重な知識を得ることができたのです。「体質よりカロリー」ということを知ったのです。食べ物の力を再確認したわけです。

すべての人がダイエットに成功できる

よくよく考えると、こういう事例はよくあります。新顔の芸人さんなんかも顕著です。テレビ初登場のときは、ほとんどの人がスリムです。ですから「この人はヤセ型なんだな」と思ってしまいます。ですが、売れ出してしばらくすると、皆、必ずといっていいほど、ふっくらしてきます。「この人ずいぶんふっくらしたな」とびっくりすることがあるはずです。これは、まぎれもなく「食べた」からです。お財布に余裕ができて、今まで以上に、食べ始めたからなのです。

ここで大事なことは、ヤセた人も食べれば太るということではありません。誰もがヤセることができるということです。

どんなに太っている人も、刑務所に入れば、ヤセて出てきます。すべてはカロリーなのです。人間である限り、誰でもダイエットに成功できる可能性があるということなのです。

そして、その可能性の花が開くかどうかは、まぎれもなく自分次第です。体質云々《うんぬん》といっている人は、何となくイメージでいっているにすぎないのです。

❸ 成功するダイエットの心と考え方

1　モデルは憧れをもっている

成功者のノウハウを学ぶことが大切

「スリム」といって、まず思い浮かぶのは、モデルです。モデルは、一般人の憧れです。ほとんどの人が、生まれ変わるならモデルのような体型になりたいと思っています。もちろん、私もそうです。叶うならカラダを交換してほしいです。

ですが、今はそんな冗談をいっている場合ではありません。自分の人生だからです。自分をどれだけモデル風に仕上げていくかが、今の私たちのテーマなのです。

それには、まず、実際にヤセている方を研究するのが、最も近道です。モデルがモデルたるゆえんを、研究するのです。受験や資格試験でも全く同じです。

どんな問題が出るかを、自分であれこれ考えていても、いい点は取れません。自宅でひたすら独学をしていては、なかなか合格できません。それよりは過去問を徹底することです。合格者の意見を聞き、資格スクールに通うことです。それが最短であり、脇道もなくしてくれるのです。合格への太い一本道が生まれるのです。

モデルはいわばダイエットのプロです。成功者のノウハウを得ることが何より大切なのです。皆さんは、ファッションモデルの方々を見てどう感じるでしょうか。

雑誌やファッションショーのモデルは、まさにカモシカのようです。同じ人間とは思えません。等身や手足の長さは仕方ありませんが、スリムさは、やはり究極に近いものがあります。

では、なぜ、モデルの皆さんは、揃いも揃ってあんなにスリムなのでしょうか。それは、モデルには「スリムであること」が必要とされているからです。いわゆる、モデルの条件です。ですから、皆が皆スリムなのです。ファッションショーのモデルは、いっそう細いです。なぜなら、それが求められているからです。

スリムであることが求められるということは、どういうことでしょうか。それは、極端にいえば、スリムでなければ競争に負けてしまうということです。最悪、クビになるということです。モデル業界も、まぎれもない競争社会です。誰が舞台に立つかは、選抜で決まるのです。そこで、スリムでないモデルは、モデル同士の競争に負けてしまうおそれもあるのです。

モデルは、表舞台に出られなければ仕事にはなりません。見られて何ぼの世界だからです。ゆくゆくは、「稼げないから必要ない」とクビを切られてしまうことにもなりかねません。「スリム」は、ある意味、彼女たちにとっては「仕事」です。彼女たちはただ仕事をしているだけなのです。そしてまた、それが競争にもなっているのです。

ダイエットは思入れで決まる

ずいぶん前の話ですが、あるモデルが、ファッションショーの途中で倒れた事件がありました。

原因は、栄養不足です。いわゆる、ヤセすぎです。しかし、それほどまでに、様々な重圧も潜んでいるということでもあります。もし、皆さんが同じ立場ならどうでしょうか。スリムさを求められる職場だったらどうでしょうか。ヤセますか？　ヤセませんか？

実は、この答えは、「ＹＥＳ」の人もいれば、「ＮＯ」の人もいます。「がんばってヤセよう」という人も、もちろんいます。一方で、「えぇ～、そんなんだったら、仕事辞めちゃおう」という人もまたいるのです。

ところが、モデルの皆さんは、皆、揃って「ＹＥＳ」です。ヤセる道を選ぶのです。そしてどんどんヤセる努力をしていきます。辞めるという選択は、決してしないのです。この違いは、その仕事に対する「思い入れ」です。言い換えれば、「憧れ」です。

モデルの皆さんにとって、モデルをすることは「夢」なのです。モデルをしていることは、夢を叶えている最中なのです。ヤセるということは、彼女たちにとっては、縛りでも足枷《あしかせ》でもありません。重圧であって重圧ではないのです。ただのステップなのです。

彼女たちにとって、ダイエットとは、夢へと続く階段を登ることです。彼女たちは、「ステキなモデルになりたい」という夢を叶えようと、突き進んでいるのです。そこしか見ていないのです。これが、モデルです。

ですから、たとえヤセろといわれても、「イヤです」「じゃあ辞めます」とはならないのです。

2　ボディビルダーはダイエットのプロ

ダイエットとは、カラダメイクです。そういった点で、ボディビルダーは、圧巻です。皆さんは、ボディビルダーをご存知でしょうか。いわゆる、ムキムキのマッチョな人たちです。

アーノルドシュワルツェネッガー・カリフォルニア前知事が、元世界ボディビルダーチャンピオンとして有名です。彼は、あまりのムキムキぶりに、ターミネーターという映画のサイボーグ役にもなっています。

ボディビルダーは、一言でいえば、自分の筋肉をひたすら大きくしている方々です。コンテストで、筋肉の大きさや筋肉の形、肉体のトータルバランスを競い合っています。「どうだ、オレの方がすごいだろう！」とやっているのです。

彼らにとっては、コンテストが晴れ舞台です。その晴れ舞台のために、毎日、歯を食いしばるほどのキツいトレーニングをやっているのです。ウンウンうなりながら、食いしばった歯の間から血がたれるほど、激しい努力をしているのです。筋肉をつけるだけではありません。コンテスト前には、皮一枚になるまで脂肪を落とし切ります。こうすることで、筋肉がより映えるからです。これが、ボディビルダーです。筋肉をつけるということ、脂肪を落とすということ、この両方を徹底的に追求している方々なのです。そして、それにすべてを賭けているのです。

仮に、彼らに、ダイエットをお願いすると、いとも簡単にできてしまいます。朝飯前です。なぜなら、ポイントが何かをわかっているからです。そしてまた、自分のなりたいカラダだけを見据えて、純粋にそこに突きすすんでいる人々が、ボディビルダーなのです。だからこそ、彼らから、学ばなければならないのです。

カラダづくりを最優先にした生活

私は、日本チャンピオンをこの目で見たことがあります。ほとんど別の生き物でした。しかし、そのようなすばらしいカラダは、一朝一夕で簡単にできるものではありません。彼らは、何時間にもわたるキツいトレーニングを毎日行い、食事内容から食事時間まで徹底的に管理しているのです。それを、何年、何十年と続けることで、カラダをつくりあげているのです。

一見すると、トレーニングばかりに目がいってしまいがちです。しかし、実は、食事制限のほうにこそ、目を見張るものがあるのです。脂っこいものは、極力食べません。脂肪を嫌うからです。マメやささみといったタンパク質を多くとります。当然、お菓子などの嗜好品は控えます。筋肉やカラダにいいものをどんどん食べるのです。はっきりいって、味よりも栄養重視です。オヤツは、砂糖なしのあんこ1キロです。オヤツの域を越えています。

また、食事をとる時間まで毎日きっちりと決めています。なかには1日7食の人もいます。そして、時間と食事のすべてを厳密に管理しているのです。ノートにもしっかりとっています。これを、

1年365日、毎日やっている人が、ボディビルダーです。

ただやりたいことをやっている

「よくできるわね、根性あるのね」「しんどい思いして、食べたいものもガマンして、しかもそれを毎日何十年もがんばって、まったくすごい人たちね」、こう感じた方も多いのではないでしょうか。ですが、それはまったくの間違いなのです。

ある雑誌のインタビューで、ボディビルダーの方に、このような質問がありました。

「ハードなトレーニングや食事制限の毎日はツラくないですか」

これに対し、次のような返事が返ってきたのです。

「筋肉が大きくなることを思うと、ツラいどころか、楽しくて楽しくて仕方がありません」

彼らは、キツいトレーニングや厳しい食事制限が、快感であり、うれしいのです。筋肉の発達を、何より望んでいるからです。

彼らはただ、好きで、やりたいことを、やっているにすぎません。ガマンや根性云々《うんぬん》の世界ではないのです。そして、そういった面では、別にすごいわけでもないのです。コーヒーの好きな人が、コーヒーを飲んでいるのと変わらないからです。旅行の好きな人が、旅行をしているのと同じです。ただそれだけです。

これが、ムキムキマッチョなボディビルダーが生まれる理由なのです。

3　ダイエットの秘訣は願望の強さ

ボディビルとダイエットは同じである

ボディビルとダイエットは、一緒です。筋肉をつけるか、脂肪を落とすかの違いだけです。もちろんボディビルは脂肪も落とします。大事なのは、共に「自分のカラダが相手」だということです。カラダが相手ということは、食欲と休息欲をどうにかするという点が同じなのです。それができているのがボディビルダーです。何年何十年と勝ち続けているのが彼らなのです。

ボディビルダーは、ボディビルにハマっています。ハマっているとは、好きなことだということです。ですから、ガマンが発生しないのです。ならば、ダイエットもそうなればいいことになります。ボディビルダーならぬダイエッターになるという道です。これも1つの答えであるはずです。

しかし、ここに大きな壁があります。どうやればダイエットが好きになれるのかです。彼らの原動力は、何でしょうか。彼らをそこまで駆り立てているものは、何でしょうか。

あるボディビルダーに次のような質問がありました。

「なぜボディビルにハマったのですか」

それに対し、彼からこう返事が返ってきました。

「筋肉を大きくしたいと思ったからです」

これではちょっとわかりません。続けて質問がありました。

「なぜ筋肉を大きくしたいと思ったのですか」→「カッコいいからです」「なぜカッコよくなりたいのですか」→「羨望のまなざしで見られたいからです」「一目置かれたいからです」「自分に自信がつくからです」

これが、彼の願望です。ボディビルに対する思いの根源です。彼のボディビル人生は、すべてはここからスタートしているのです。

しかし、いってみれば、たったこれだけのことです。ですが、そのたったこれだけのことが、彼からガマンや根性を取り除いているのです。あのキツいトレーニングや食事制限を、快感に変えてしまっているのです。

憧れだけでガマンがなくなるわけではない

ここで注目すべきことがあります。それは、そんなことは誰もが思っているという点です。街行く人に聞いてみればわかります。ほとんどの人が、「自分も筋肉つけてカッコよくなりたいです」といいます。「もうすこし胸板厚くしたいです」というのです。

ですが、実際には、そうなる人とならない人がいるのです。もし、カッコいいからマッチョになりたいと思うだけでマッチョになれるなら、世の中はマッチョな人だらけになっているはずです。

ですが、そうではありません。そう簡単に、事は進まないからです。

マッチョになりたいと思っても、なれない人が山ほどいるのです。モデルになりたいと願っても、なれる人はごくわずかです。これが、ボディビルダーやモデルが、特別である理由です。ですが、逆にいえば、マッチョな人がマッチョになれる理由があるということです。

ポイントは、願望だけではないということです。

カラダにいい食事というのは、総じておいしくないものです。天ぷらやケーキは、おいしいです。ですが、マメやささみは、パサパサでおいしくありません。甘くないあんこも、食べられたものではありません。

しかし、彼らはそれを好んで食べています。つまり、彼らには、それを好むものに仕立てあげる理由があるということです。

実は、彼らは、おいしいと思って食事をしているわけではありません。「いいぞ、いいぞ」と思って、食事をしているのです。「食べたい」と思って食べるのではありません。「摂りたい」と思って食べるのです。

これが、彼らの頭のなかです。そして、ここに、成功の秘訣が隠れているのです。

4 強い願望は本能を凌駕する

ボディビルダーには、他の人にはない何かがあります。ムキムキになれる理由があります。では なぜ、世の男性は、「筋肉をつけてカッコよくなりたい」と思ったとしても、彼らのように、筋肉ムキムキになれないのでしょうか。

それは、気持ちが違うからです。筋肉をつけたいという気持ちの「大きさ」が違うからです。ボディビルダーの頭のなかは、こうです。

「筋肉をつけたい！ 筋肉を大きくしたくてたまらない！、あ〜もう！」です。

まさに、「うぅ〜」と、地団駄踏んでいる状態です。

それに対して、ムキムキになれない人の気持ちはこうです。

「カッコよくなりたいなぁ」「筋肉ついたらいいなぁ……」、これを聞いた時点で、一目瞭然です。「この人は一生筋肉をつけることはできないだろうな」「たとえジムに通いはじめても、すぐにやめちゃうだろうな」、こう、わかってしまうのです。皆さんも、そう感じるはずです。

なぜなら、そんなゆるい気持ちでは、歯を食いしばるようなキツいトレーニングや、日々の細かい食事制限が、快感に思えるはずがないからです。ケーキかトレーニングかと聞かれて、トレーニングを選びそうにないからです。これが、この言葉から感じ取れるのです。

気持ちの強さが決定的に違う

ボディビルダーは、「筋肉を大きくしたい」という気持ちが、格段に強いのです。ですから、血のにじむようなトレーニングが、したくてしたくてたまらないものになるのです。砂糖なしのあんこを食べて、「いいぞ、いいぞ」となる理由がこれです。

ですが、「できたらいいな」というドラえもんの歌のような気持ちで、果して、歯を食いしばるようなトレーニングが、快感になるでしょうか。サーロインステーキとささみのボイルが並んでいて、パッとささみに手が伸びるでしょうか。いいえ、そうはならないはずです。「サーロイン食べたいなぁ、ささみはパサパサでイヤだなぁ、でも筋肉つけるためには……、う〜ん」、こうなるはずです。

実は、これで、アウトです。こうなった時点で、負けが確定しているのです。なぜなら、迷うということは、ストレスが発生するということだからです。食べたいサーロインステーキをガマンするということになるからです。

ダイエットはガマンをしたらダメなのです。がんばってささみを選んだら、そこで失敗なのです。今はがんばれても、がんばれなくなるときがくるからです。「ささみなんてもうイヤだ」「トレーニングなんてやめる」、いつかは必ずこうなるからです。ですが、成功する人は、迷いません。パッと、ささみに手が伸びるのです。

時には、サーロインに手が伸びることもあります。ですが、そこに迷いはありません。サーロインにするときは、サーロインにしたいからするのです。ささみにするときは、ささみにしたいからするのです。

そこに、ガマンやストレスはありません。ですから、いつまでも続くのです。

念が強まると本能を凌駕することができる

この差は、なぜ生まれるのでしょうか。それは、願望の「質と量」にあります。

願望の質とは、願望の「種類」と「ベクトル」です。願望の量とは、願望の「強さ」です。

どれが欠けても成功することはできません。いつかは「もうやめた」になってしまうのです。

今、ここで皆さんにお伝えしているのは、強さという点です。

「ヤセたらいいな」は最弱です。考えるだけ時間のムダです。逆にストレスがたまるだけです。

この考えだと、ケーキを見たときに、食べても食べなくてもモヤモヤが残ります。どっちを選んでも「どちらも心から楽しめなかった」という最悪の結果を生むだけです。

「ヤセたい」は、まだましです。「絶対ヤセる」でも、まだまだです。これで入口です。「う〜、絶対ヤセてやるんだ〜、うが〜」で、合格ラインです。

これでようやく、ボディビルダーの皆さんと、気持ちで肩を並べることができます。目的は違っても、笑顔で「お互いがんばりましょうね」と、熱い握手ができます。目だけで会話できる状態です。

これが、本能という敵が、敵でなくなる瞬間の1つです。食欲が出てきても、「やぁ、こんにちは。

今日も元気かい？」と言えるようになるのです。

エクササイズをするのが面倒くさく感じたときに、「おっ、今日は、面倒くさい君が、ずいぶん張り切っているな。じゃあこっちも負けないぞ」と、軽く返せるようになるのです。

こうなったらもう、ダイエットは、トントン拍子に進みます。

ダイエットモードに入る

実は、本能という敵は、願望が強いかどうかで、敵になるかならないかが決まるのです。もちろん、ダイエットも同じです。ガマンや根性が消えるかどうかは、願望の強さ次第なのです。

私は、この強い願望のことを、「念」と定義しています。願望が願望ではなく、念じる域に達するということです。ボディビルダーもそうです。寝ても覚めても念じているのです。

この「念」を、いかに強めることができるかが、ダイエットという勝負の分かれ目なのです。となると、大切なのは、どうやって念を強めるかです。それが、本能ダイエット法です。

ダイエットは、「ヤセたい」「スリムになりたい」ということに、どれだけ興味があるかです。そしてまた、ダイエットとは、明るい未来を手に入れるための「準備」なのです。

旅行でもまったく同じです。旅行の準備が楽しいと感じるかどうかは、どれだけその旅行を欲しているかで決まります。

社員旅行の準備は、面倒くさいです。ところが、卒業旅行の準備は、楽しいのです。その理由は、

「準備は旅行の一部」だからです。

実は、旅行と準備はワンセットです。旅行も準備もひっくるめて、1つの「旅行」なのです。ですから、行きたい旅行の準備は楽しくて、行きたくない旅行の準備は楽しくないのです。ゴールに対する気持ちが、準備を楽しいものにするかどうかを決めるのです。

旅行の申込みをした時点で、本当は、その人の旅行は、すでにスタートしているのです。そこから旅行気分が始まるのです。これが、「旅行モードになる」ということです。

ダイエットは人生の準備です。ですから、ダイエットもどれだけモードに入れるかなのです。そして、モードに入れるかどうかは、念で決まります。念の強さ、種類、ベクトルの3要素です。

この3つを正しく追求することで、バラ色モードになれるのです。

5　食欲をすり変える方法

欲求を他の欲求ですり変えてしまう

ダイエットの成功のカギを握るものは、念です。

ヤセたいという念が強ければ、食べたいという本能に打ち勝つことができるからです。しかし、その本当の意味は違います。本当は、本能に打ち勝つのではなく「本能を退ける」のです。食べたいという本能は、欲求です。そして、ヤセたいという願望も、欲求です。つまり、ダイエットは、欲求と欲求の勝負になるということです。

この勝負の末に、ヤセたい君が勝ったとします。そのとき、負けた食べたい君がどうなっているかというと、ノックアウトされてリングに沈んでいるわけではありません。

食べたい君は、リング上のどこを見渡してもいないのです。どこかに行ってしまったのです。実は、そもそも、ヤセたい君と食べたい君は、戦ったのではありません。リング上で、何分間か打合いをしたわけではないのです。ヤセたい君がリングに上がると、食べたい君はリングを降りたのです。勝負は、一瞬の出来事です。そもそも、勝負と呼べるものですらありません。これが、欲求の仕組みです。「欲求のすり変え」という現象なのです。

ある女性が、ちょうどカフェに入っているとします。ケーキが食べたくなり、ショートケーキを注文したとします。ケーキがくるのを、今か今かと待っている状態です。そのとき、ふと隣のブティックに目がいきました。たくさんの人が、集まっていたからです。よく見ると、洋服の半額セールをやっているのです。しかも、今だけのタイムセールです。もっと見ると、ずっと前から欲しかった服も、半額になっているようなのです。皆、どんどん手にとって、品定めをしています。

これを見て、彼女はどうするでしょうか。そのままの状態で、注文したケーキがくるのを待っているでしょうか。そして、のんびりケーキを食べるのでしょうか。

もちろん、周りの人の目は気にならないという設定です。彼女は透明人間だという設定です。マイナスな感情はないことにします。

であれば、おそらく、ある行動をとるはずです。それは、ダッシュです。ケーキなんてほったらかして、一目散に服をゲットしにいくはずです。「ケーキなんて食べている場合じゃない」「あの服をゲットしにいかなきゃ」こう思うはずです。

ガバッと立ち上がって、一目散です。引いた椅子を戻すのも忘れて、とにかく走ります。もちろん、私も、そうなる自信があります。

欲求のすり変わりはストレスレス

では、そのときの彼女の頭のなかは、いったいどうなっているのでしょうか。ケーキを食べたいという欲は、どうなったのでしょうか。

実は、ケーキのことはもう頭にはありません。ケーキは、頭から一切消えているのです。「欲しかった服を何とかゲットしたい」――この欲求だけが、頭のなか一杯になっているのです。買いたいが8割あって、食べたいが2割などという状態ではありません。買いたいだけが存在しているのです。この欲が発生した瞬間に、ポンっとチェンジしたのです。

ビリヤードで球を狙い打ちしたときと同じです。当てた瞬間、両者が入れ替わったのです。ケーキは消えたのです。これが、「欲求を欲求で打ち消す」ということです。

当初、彼女の頭のなかは「ケーキを食べたい」という欲求で一杯でした。それが今は、「服が欲しい」という欲求に、すり変わってしまっているのです。

これが、「欲求のすり変わり」という現象です。

ここで注目すべきは、彼女は、決して「ケーキをガマンしているわけではない」ということです。ケーキを食べたいという欲求よりも強い欲求が現れたがために、ケーキが頭のなかから消え去っただけなのです。彼女の頭のなかは、依然として「〜したい」という欲で一杯なのです。もちろん、そこに、ガマンなどというものは、これっぽっちもありません。ただ、「服をゲットできる」という強い欲求を、満たしたいという思い、満たされるという喜び、嬉しさ、快感、至福、このようなプラスの感情で一杯なだけなのです。

これが欲求の仕組みであり、最大のポイントです。

彼女は、大好きなケーキをガマンしているわけでも、あきらめたわけでもありません。彼女の頭のなかは、依然としてハッピーなままなのです。ただ、食べたいが買いたいに変わっただけなのです。

ダイエットに欲求の特性を利用する

これが、強い欲求のもつ力です。いわゆる、念の力です。

実は、この欲求の原理は、「すり変え」に限りません。すり変えとは、先に食べたいが出てきている状態で、後から消し飛ばしてしまうというものです。ところが、後から食べたいが出てくる場合に対しても、同じことが起こるのです。

例えば、コンサートに夢中になっているとします。そのとき、いつものオヤツの時間である3時になったからといって、オヤツが食べたいとなるでしょうか。いいえ、そうはならないはずです。食べたいと思うどころか、オヤツのこと自体、頭に浮かんでこないはずです。たとえ、誰かにオヤツと言われても、頭のなかを右から左に流れていくはずです。

つまり、コンサートを楽しんでいるがために、食べたい君が出てこられないのです。食べたい君は、「3時だよ」と登場したくても、登場どころか、挨拶すら、させてもらえないのです。

これが、「食欲が出現できない」という現象です。「すり変え」よりも強力な特性です。そしてこれが、「食欲に真っ向から立ち向かわないですり抜ける」という方法なのです。

ダイエットも同じです。「ヤセたい」という念を強くすれば、このような現象が起こるのです。ガマンもがんばりも伴わず、食欲という敵を、音もなく消し去ることができるのです。

6　必要な食欲と不必要な食欲

欲求のすり変えは、ダイエットを成功させるための大きなカギです。この特性をどれだけ利用できるかで、ガマンのないダイエットにできるかどうかが決まってきます。なぜなら、人間は、同時に2つ以上、強い欲求をもつことができないからです。

コンサートで盛り上がっているときに、おなかが空いたとはなりません。おなかが空いたと感じるのは、興奮が静まった後です。強い感情は1つしかもてないのです。人間にこのような特性があるから、欲求のすり変えという現象が起こるのです。

これの特性を利用したものが、本能ダイエット法です。ですから、本能ダイエットを利用すれば、ダイエットの最大の敵である食欲を消し飛ばすことができます。

しかし、食欲とあらば、何でもかんでも消し飛ばしていいわけではありません。「念で消し飛ばす食欲」と「消し飛ばさない、消し飛ばしてはならない食欲」があるのです。

実は、この知識が、ダイエットの成否を分ける最大のポイントです。

おなかが空いたか食べたいか

そもそも、食欲は、2種類あります。それは「必要な食欲」と「不必要な食欲」です。朝起きたときは、誰もが「おなか空いた」となるはずです。これは、必要な食欲です。仕事をしていて、お昼近くになって、「早くランチ食べたい」となるのも必要な食欲です。この共通点は「おなかが空いた」です。つまり、「おなかが空いた」から発生している食欲が、必要な食欲なのです。

なぜ、おなかが空くのかというと、それは栄養が不足しているからです。つまり、おなかが空いたというのは、カラダが栄養を求めているということです。それが頭に伝わって、食べたい君を出動させているのです。ですから「栄養が必要」という点で、必要な食欲というのです。

では、他方の「不必要な食欲」とは、どういうものでしょうか。

例えば、ふらりとコンビニに立ち寄ったとします。すると、生クリームたっぷりの、みるからにおいしそうなケーキが目に入ってきました。「おいしそう～。食べたい」となるはずです。これが、不必要な食欲です。

他には、こんなのもあります。皆さんが、テレビを観ているとします。すると、隣でいきなり、妹がポテチを食べはじめました。「おいしそう～。私も食べたい。……パリポリパリポリ……」、これも、不必要な食欲です。

この共通点は、「おいしそう～」です。つまり、「おいしそう」からくる食欲が、不必要な食欲なのです。それはなぜでしょうか。それは、カラダが求めているものではないからです。脳が求めているにすぎないからです。おいしそうな食べものを見てしまったがゆえに、湧き起こってきた食欲だからです。ケーキやポテトチップスが目に入らなければ、食べたい君は出てきていないはずです。

ですから、不必要な食欲というのです。偽の食欲ともいわれるものです。

ところが、食欲が2種類あること自体、気づいていない人が非常に多いのです。どちらも「食べたい」なのでわからないのです。実際、意識しないとなかなか気づけません。

しかし、これを知っているかどうかで、ダイエットの成否が決まってくるのです。実のところ、ダイエットに成功している人で、知らない人はいません。

ですが、ダイエットに失敗する人は、知らない人がほとんどなのです。ですから、食欲とあらば、とにかく手当たり次第に、ガマンしてしまうのです。それどころか、必要な食欲を、優先してガマンの対象に選んでしまいます。

おいしそうで始まる食欲はＮＧ

実際、ダイエットで「おいしそう」を優先してしまっている人が、かなりいます。「摂取カロリーを減らす」というテーマのなかで、おなかが空いたのサインより、おいしそうのサインを優先しているのです。つまり、「ゴハンは食べないでケーキを食べる」というやつです。「おなか空いた～」となったときに、主食ではなく、オヤツを食べるのです。食べたいものを食べるという考え方です。

しかし、ケーキを食べても栄養はとれません。ですから、必要な食欲は消えてくれないのです。おなかに入るため、いったんは消えたように思います。ですが、すぐにまた出てくるのです。なぜなら、カラダが栄養で満たされていないからです。

ですから、ケーキを優先する人は、常に食欲と戦うはめになるのです。いつも「あぁ、おなか空いた。でもガマンしなきゃ」となっているのです。これが、ダイエットで一番こわい落とし穴です。「カロリーが同じだからケーキを食べる」というのが、一番やってはならないことなのです。

ダイエットは、カロリーという数値の問題ではありません。カラダの栄養の問題なのです。「食べるか食べないか」ではなく、「摂るか摂らないか」の問題なのです。

ここをはきちがえると、決してダイエットに成功することはできません。つまり、ダイエットで、「何とかすべき食欲」とは、不必要な食欲です。必要な食欲を、極端に何とかしてしまってはならないのです。

「ゴハンを抜いてオヤツにしよう」という人は、失敗へ向かって歩んでしまっています。「オヤツをやめてゴハンを食べよう」という人が、成功への階段を登っていける人なのです。

実際、不必要な食欲さえ消してしまえば、ダイエットはできてしまいます。それは、不必要な食欲こそが太る原因だからです。先のおじさんの例でもそうです。太っている人を観察すると、まずまちがいなくオヤツを食べています。「おいしそう」ではじまる食欲で、食べているのです。「あぁ～ヤセなきゃ」といっている人ほど、オヤツを食べています。「あぁ～ヤセたい」といっている人ほど、主食は、少ししか食べていません。

実は、おいしそうからはじまる食欲で食べなければ、必ずといっていいほどヤセていくのです。そんなことはないという人は、実践したことがない人なのです。

7　自然な振舞いこそがダイエットの秘訣

健康スリムはオヤツを食べない

必要な食欲は、普通に対応している限り、決して食べすぎになることはありません。おなか一杯というサインが出るからです。そこでやめれば、トントンなのです。足りない栄養を補給したというだけです。

もちろん、おなか一杯になっても、ゴハンを食べ続ける人は、論外です。残りを捨てるのがもったいないからと、余分に食べていると、太って当たり前です。なぜなら、カラダのサインに反して、自然ではないからです。

必要な食欲は、自然に従っている限りは、決して太ることはないのです。

実際、スリムな人は、ここを徹底しています。というより、無意識にできているのです。必ず、3度のゴハンは、きっちりしっかり食べています。ですが、オヤツや間食は、まずしません。つまり、カラダの欲求に忠実だということです。

健康スリムな人の行動は、こうです。

① おなかが空いたと感じたら、それがなくなるまで補給する

② 補給完了のサインがでたら、そこでやめる

③　おなかが空いたを感じないときは食べない

これが自然とできているのです。もちろん、そこに意志はありません。完全に習慣化してしまっているのです。ですから、健康スリムな人は、常にスタイルが安定しているのです。

必要な食欲は、生きていくために必要とカラダが判断して、出している信号です。いわゆるSOSです。これが、あのガマンしても消えることのない、3大欲としての食欲です。

ですから、これに勝つのは難しいのです。しかし本当は、むやみに勝ってしまってはいけません。栄養不足になり、不健康になってしまうからです。ガマンやストレスもたまるからです。

実は、街でみかける不健康にヤセた人は、ここをカットしすぎてしまった人です。これをカットしすぎると、「なりたくないヤセた人」になってしまうのです。「自然でないヤセた人」になってしまうのです。

なぜなら、やっていることが、自然ではないからです。ですから、なんか気持ちわるい感じのヤセた人になってしまうのです。

自然にやるダイエット

これは、見れば一発でわかります。

「彼女は、オヤツ優先のダイエットをしてしまったな」と、見た瞬間にわかるのです。不自然なカラダになってしまっているからです。

人間は自然か不自然かに敏感です。何も考えなくても、そこは一瞬でわかってしまうのです。ですが、本人はわかっていません。自分を客観的に見れていないからです。食欲の種類に気づいていないからです。

彼女は、カロリーが同じであれば、何を食べても同じだと思ってしまっています。さらには、体重が落ちればＯＫと思ってしまっています。

ですが、本当は、ダイエットに失敗してしまっているのです。実際、周りの人はわかっています。そして、リバウンドが、息を潜めて待っているのです。

ヤセたけれど、気持ちわるい感じの人になってしまったのなら、それは失敗です。そうなるくらいなら、太っているけど健康的である方が、断然ステキです。

ダイエットとは、どれだけ「自分のなりたいヤセた人」になれるかどうかです。そのためには、食欲を知ることです。人間のカラダを知ることです。自然、不自然を知ることです。そして、健康スリムな人の秘訣を知ることです。

何かが食べたくなったとき、「私は、オヤツが食べたいのかな」「それともおなかが空いているのかな」と、自分に問いかけてみてください。「おいしそうなものを見たから欲しくなっただけかな」と、一呼吸おいてみてください。

この小さな一呼吸が、大きな成果を生むのです。

8　3度の主食とダイエットの関係

食欲には、「必要な食欲」と「不必要な食欲」があります。一言でいえば、ゴハンが必要な食欲で、オヤツが不必要な食欲です。

成功するダイエットは、ゴハンはきちんと食べて、オヤツをカットするのが基本です。カットすべきは、オヤツだということです。ですが、わかっちゃいるけど食べてしまいます。その原因は、何といってもやはり、オヤツが食べたくなってしまうからです。

誘惑はどうしても目にはいってくる

不必要な食欲は、オヤツを目で見ることで発生します。見なければ、「おいしそう」「食べたいな」とはならないのです。隣にいる妹が、急にポテチをポリポリやり出さなければ、苦しむことはないのです。

ですが、これは、そう簡単に避けられるものではありません。自分だけの世界ではないからです。街を歩いていると、いやがおうでも、ケーキ屋さんが目につきます。コンビニでは、レジ前にあるデザートが目に飛びこんできます。世の中、誘惑だらけなのです。なぜなら、お店は、皆さんに「おいしそう」と思わせる作戦を、追求しているからです。

お店は、お客さんに必要な食欲だけで買い物をされては困るからです。不必要な食欲を刺激して、どれだけ余分なものを買ってもらえるかが、お店の勝負どころだからです。ですから、どうしても目に入ってしまうのです。

では、どうすればいいのでしょうか。それは、「主食をしっかり食べる」ということです。

実は、皆さんがオヤツに目がいく理由の1つは、おなかが空いているからなのです。言い換えれば、「3度のゴハンをしっかり食べていないから」です。

これが、オヤツの裏に隠れた事実なのです。

健康スリムの秘訣は3度の主食にある

ある友人のエピソードです。彼は、昔からずっとスリムで、元気で、健康な人です。そしてまた、彼は、人一倍ゴハンをたくさん食べる人なのです。注文は、基本、大盛りです。ですが、もう何年も何十年も体型が変わらず、一定してスリムなままなのです。

皆さんの周りにも、こういう人がいるのではないでしょうか。「あんなに食べるのに、なぜスリムなんだろう」、私はいつも疑問に思っていました。

あるとき私は、彼の行動を観察してみたのです。スリムの秘訣を探ってみようと思ったのです。

その結果、次の2つのことがわかったのです。

① 3度のゴハンを満足するまでしっかり食べている

② オヤツは一切食べない

たったこれだけです。どこをどう見ても、ただこれだけしかなかったのです。2つのことがわかったといっても、ごく当たり前のことが2つわかっただけです。特に秘訣的なものは見つけることができなかったのです。しかし実はこれが秘訣なのです。

主食をしっかりとればオヤツに目がいかない

普通のカツ丼を食べるのと、大盛りを食べるのとでは、オヤツへの視点がまったく違ってきます。ランチでカツ丼を食べて、3時にオヤツが出るとします。ここで、ランチに大盛りを食べていると、3時では、まだおなかにカツ丼が残っているのです。ですから、オヤツに手が伸びなくなるのです。「オヤツはまだいいかな」となるのです。

そして、その流れが夕食につながっていきます。5時になって小腹が空いてきても、「もうすぐ夕食か。じゃあオヤツはいいや」となるのです。

ところが、ランチが普通盛りであれば、こうはなりません。3時には、おなかがいい具合になるからです。ちょうどオヤツの頃合いになるのです。そこでオヤツを目にするから「待ってました」となるのです。これが主食とオヤツの関係です。

「腹持ち」も同じです。ケーキとカツ丼で何が違うかというと、腹持ちが違うのです。同じカロリーの量を食べたとしても、おなかの減り具合が圧倒的に違うのです。オヤツは圧倒的に軽いのです。カロリーだけかさばるのに、腹持ちがまったくないのです。オヤツがオヤツたるゆえんが、実はこれです。つまり、おなかが空いているから、オヤツに目がいってしまうということです。スーパーに買い物に行くときもそうです。おなかペコペコでいくと「あれも食べたい。これも食べたい」で、買い物カゴが一杯になってしまいます。そして、家に帰ってゴハンを食べ、おなか一杯になったときに、後悔するのです。

実際、おなかいっぱいの状態でスーパーに行くと、びっくりするほど、不要なものを買いません。特に、オヤツに目がいかないのです。菓子パンを見ても「あ、いらない」となるのです。これが、「オヤツ＝おなかが空いている」という仕組みです。

オヤツが欲しくならないコツは、おなかを一杯にしておくことです。３度のゴハンを、今よりしっかり食べるということです。これで、嘘のようにオヤツが減るのです。

ところが「ゴハンをたくさん食べても、後でオヤツが食べたくなりそうで怖い」という人がいます。こういう人は、まず、やったことがない人です。

やったことがある人は、「うんうん」とうなずきながら読んでいるはずです。

きちんと栄養をとる

先に、何かが食べたくなったときに、「私はオヤツが食べたいのかな？」「それともおなかが空いているのかな？」と、一呼吸おいてくださいとお伝えしました。これは、必要な食欲か不必要な食欲かを、見分けるためです。ですから、おなかが空いているというのであれば、もちろん食べてください。

しかし、ここで食べるものは、オヤツではなく、ゴハンです。おなかが空いたは、栄養補給のサインだからです。「小腹が空いた」というのもそうです。「栄養が不足していますよ」というカラダの訴えなのです。ですから、それに応えてあげるのです。

これは、「おなかが空いた」に限ったことではありません。「あ、糖分切れだな」と思うときもあります。そういうときは、チョコを食べていいのです。糖分切れで糖分を補給するのは、花に水をあげるのと同じだからです。

大事なのは、花がしおれかかっているときに、砂糖水をあげてしまわないことです。油水をあげてしまわないことです。そんな水をあげても、きちんとした水をあげるまでは、その花はいつまでたっても元気にはなりません。

それどころか、間違ったものをあげてしまうと、ますます弱くなってしまいます。そして、それを繰り返してしまうと、やがて変異してしまいます。赤い花が咲く苗だったのに、黒い花が咲いてしまうのです。茎は緑色のはずなのに、枯れ枝のような茶色になってしまうのです。その花が、正しい花でなくなってしまうのです。

これが、「気持ちわるい感じにヤセてしまった人」です。

健康的でスリムなカラダとは、正しい栄養があってこそなのです。

9　体重は毎日比較しない

ダイエットをしている人は、ほとんどの方が体重計を持っています。昔の体重計はアナログでした。５００g未満の違いは、ほとんど判別できません。「目盛りと針が見にくいから、もっと近くで見よう」と思って体を縮めると、その動きで針がブルブルと揺れてしまって、結局わからずじまいになります。

今は、完全なデジタル体重計です。目盛りを必死に読み取る必要もないし、いいものは１００g単位で表示してくれます。

体脂肪を測定できるものまであります。次はどんな機能がつくのか楽しみで仕方ありません。体重計があるかないかで、ダイエットは大きく変わってきます。体重計があることで、まず、自分が今何キロかがわかります。目標体重を○○キロとしている人にとっては、体重計がなければ、目標が達成されたかどうかもわからないことになります。

もう1つの利点は、モチベーションです。極端な話、体重計がなければ、自分がヤセたのかどうかもわかりません。人間は、成果がわかるとモチベーションが上がります。体重計があれば「何キロヤセた。やった」となります。これでまた、気持ちが前に向くのです。

これが、体重計のいいところです。

毎日の体重変化はコンディションの変化

そんな体重計ですが、実は、間違った使い方をしている人が、非常に多いのです。それは、「毎日計る」という失敗です。

普通に考えると、体重を毎日計ってチェックするというのは、ごく当たり前に思えます。しかし、本当はそうではないのです。体重には、２つの視点があります。

それは、

① 今の自分の体重を知る

② どれだけ増減したかを知る

というものです。

自分の体重を知るという目的で毎日計るのは、ＯＫです。「自分は今何キロあるんだな。目標まで○○キロなんだな」と知れるからです。ですが、どれだけ増減したかという比較の目的で、毎日計ってはいけないのです。毎日体重を比較してはいけないということです。

その理由は、人間の体重は、日々のコンディションで変化するからです。太ったヤセたではなく、コンディションで上下するからです。「昨日はあまり食べなかったのに、なぜか今日、体重増えている……」「昨日はエクササイズをさぼっちゃったのに、なぜか今日、体重減っている?」、誰もが、このような経験があるはずです。

この現象が起こる理由は、カラダのコンディションにあります。人間は、日によって、コンディションが変わるからです。

便秘でもそうです。便秘をしていると、必ず体重が多く出ます。体内に排泄物が滞っているからです。そして、便秘が解消されただけで、体重がガクンと減ります。もちろん、ヤセたからではありません。ヤセてはいないのに、体重が減るのです。

寝不足や体調不良も同じです。それだけで体重が変わってきます。前日に、水をたくさん飲んだというだけでも、体重は増えます。これは、ただの水ぶくれです。太ったわけではないのです。ですが、体重は変わるのです。

これがコンディションの影響です。人間は、毎日同じコンディションということは決してありません。必ず、何かが異なっているのです。そしてそれが、日々の体重計に現れてくるのです。よく、「今日は200g減った!」「げっ、今日は100g増えている」と騒いでいる人がいます。ですが、それは、まったく意味のない数字なのです。そもそも、毎日体重を比較すること自体、ナンセンスです。

毎日の比較は、体重を比較しているのではありません。ただ、コンディションを比較しているにすぎないのです。ところが、これに一喜一憂している人が、非常に多いのです。

体調のいいときを基準に比較する

毎日の体重変化を気にしている人は、健康スリムにはなれません。なぜなら、コンディションの変化をベースに、ダイエットを進めることになるからです。体調不良で体重が少なくでていることを、喜んでしまうからです。体調不良を治そうとしないからです。体調不良を利用しようとするからです。風邪をひいてゲッソリしたら、「やった！」と思うからです。

毎日の体重変化に一喜一憂するということは、こういうことなのです。

健康スリムは、快調がベースです。コンディションの変化による体重変化は、無視することです。体調がよくなければ、まず戻すのです。もし体重が減っているなら、なおさら戻すのです。

その結果、体重が増えても、それは元々だということに気づくことです。そして、快調なときと快調なときで、体重を比較するのです。

こうしている人が、健康スリムな人なのです。

さらに、毎日の体重変化を気にするということは、毎日が楽しめないということです。「今日200g増えている」となると、もう、今日1日が気になって仕方なくなります。「今日は何としても挽回しなきゃ」と、どんどん追い込んでしまいます。その日は、ストレス三昧の1日になります。そして夕食は、キノコだけにしてしまうのです。これで、どんどん不健康になっていくのです。

これは、体重が減っていても同じです。200g減っていたら減っていたで、「やった、よし、もっと減らしちゃおう」と思うのです。減ったら減ったで、意識しまくりの1日になるのです。そして夕食は、結局キノコになります。体重が増えていても減っていても、夕食はキノコになるのです。

もちろん、今日の体重が減っていたからといって、ストレスがないわけではありません。しっかりとストレスがあるのです。「明日、増えないようにしなきゃ」と思うからです。

つまり、毎日の体重変化を気にするということは、毎日がストレス三昧になってしまうということです。毎日、「今日はこうしなきゃ」と考えてしまうからです。「今日食べたものが明日の体重になる」と考えてしまうからです。

1週間以上のスパンで比較する

これが、毎日体重をチェックしてはならない最大の理由です。毎日が、「今日の体重」に縛られてしまうからです。ですから、ストレスで破綻するのです。仮に、何とかストレスに耐えても、不健康なヤセた人になってしまいます。実は、不健康にヤセた人のほとんどが、この習慣になってしまっているのです。

健康スリムにヤセている人は、こうではありません。毎日の変化に、一喜一憂しないのです。あるスパンで、体重管理をしている人なのです。あるスパンとは、例えば、1週間ごとです。最低でもこのくらいの日数を空けて、体重比較をしているのです。

もちろん、きっちり1週間ではなく、その付近のコンディションのいい日に比較しているのです。コンディションがいい日が、比較の基準であり、ダイエットの基準です。これが本当の体重変化です。そしてスパンをもつことで、偏ったダイエットにならなくなります。不健康にならなくなるのです。ストレスもたまらなくなるのです。

1週間のスパンがあれば、毎日を根詰める必要がなくなります。「今日食べたものが明日どうこうなるわけではない」と考えるからです。1週間のトータルで、考えられるようになるからです。ですから、「今日は、ケーキを食べてもいいや」となれるのです。「そのぶん、明日はしっかりエクササイズしよう」と決められるのです。

ここに、ストレスはありません。心に余裕が生まれるからです。

ダイエットは長期的なものです。「明日○○gヤセていればいい」という世界ではありません。自分のなりたいカラダになれるかどうかの世界なのです。ダイエットが長期的なものだという視点を、どれだけもてるかです。これに気づいたとき、ダイエットからストレスが消えるのです。心に余裕のあるダイエットが、できるようになるのです。

10　短期間でやってはならない

太りやすい体質は急激なダイエットが生む

スリムになると、コンプレックスがなくなり、逆に、自信が生まれます。それゆえに、皆、少しでもはやくヤセようとします。しかし、ここに大きな落とし穴があるのです。

ダイエットは、決して急いではいけません。そもそも、短期間でダイエットしてもいいカラダにはなれません。その理由は、「自然に反する」からです。

ダイエットを成功させるための秘訣は、少しずつやることです。長期的にやることです。なぜなら、小さな変化は自然だからです。人間のカラダは、急激な変化をきらいます。急激にカラダが変わると、カラダは「あれ？　どうしたんだ？」と考えるのです。

筋肉をつけたり、太ったりするような、増える変化ならまだいいです。ですが、ヤセることに対しては、特に敏感なのです。栄養不足の問題だからです。急激にヤセると、カラダは「大変だ、何か問題起きているぞ」と考えるのです。危機感をもつのです。その結果、栄養の吸収力を高めようとします。これが、「こんにゃくを食べても太る」という感覚を生むのです。

短期間でやればやるほど太りやすいカラダになってしまう理由がこれです。リバウンドをしてしまった人は、間違いなく、急激に体重を落とした人です。カラダを敵にまわしてしまったのです。

じっくりやるからこそステキになれる

さらに、短期間でヤセようとする人は、必ず摂取カロリーを減らすことに目が向いてしまいます。こればっかり追求してしまうのです。ですから、なおさらよくないのです。

気持ちわるい感じのヤセた人になってしまった人は、短期間勝負に出てしまった人です。短期間で、しかもカロリーカット重視のダイエットをしてしまうと、変にガリガリ感のある人や細いけど脂肪感のある人になってしまいます。不自然なカラダになってしまうのです。なぜなら、やっていることが自然でないからです。

大切なのは、自然なペースでダイエットをすることです。ダイエットをしていることを、カラダに気づかせないようにするのです。そしてまた、長期間でかつ、じっくりやるほど、健康でキレイなカラダができるのです。

一流アスリートは、皆、スリムで引き締まったカラダをしています。もちろん、パワーもあります。彼女たちのあのカラダを見て、短期間でできたものだと感じるでしょうか。極端な食事法や、地道なエクササイズぬきで作られたカラダだと感じるでしょうか。いいえ、そうではないはずです。正しく健康的な方法で、そして、長期的につくられたカラダであることを感じるはずです。

短期間で生まれたカラダは、決してステキとは感じません。パッと見てステキと感じるカラダは、長い年月をかけて生まれているから、ステキなのです。

地道な努力と、その蓄積が感じられるカラダだからこそ、多くの人の憧れになるのです。

11　ベスト体重は数値ではない

ダイエットの指標の1つは体重です。なかでも一番多いのが、標準体重を狙おうという人です。標準体重＝普通の人というイメージがあるからです。ところが、見た目と体重は、意外に違います。すごくスリムにみえる人が「えっ、結構あるね？」ということもあります。つまり、体重と見た目は一致しないということです。太い細いは、体重ではないということです。見た目なのです。
もう1つは、パフォーマンス性です。例えば、陸上の短距離選手で、70キロの人が68キロに落としたとします。その結果、タイムが縮まることもあるし、伸びることもあります。単に2キロ違うというだけの話ではないのです。そして、タイムのいいほうがその人にあった体重です。

体重設定で大切なのは、数値ではありません。「心地よさ」なのです。言い換えれば、しっくり感です。これが、ベスト体重です。最も気持ちのいい体重が、存在するということです。

ベスト体重であれば、自分の力が最も大きく発揮できます。ですから、アスリートは、あんなにもシビアな体重管理をしているのです。彼らは、標準体重がどうといっているわけではありません。見た目で体重を決めているわけでもありません。自分が自分らしくある体重を、追求しているのです。これが、一流アスリートです。

そして、その結果として、彼らは、いつ見ても変わらず、同じ体型なのです。

❹ 本能ダイエット法の知識を学ぶ

1　ダイエットをする理由がもつ力

ヤセられない人のパターン

「自分がなぜダイエットしたいのか」――これは、ダイエットを成功に導くうえで、必ず明らかにしなければならないことです。なぜなら、これが皆さんの原動力だからです。

ところが、これがわかっていない人が、非常に多いのです。私の友人の例をあげます。

彼女は、ことあるごとに「ヤセたい」「ヤセなきゃ」といっています。いわゆるダイエットセリフです。会うたび会うたび言っているので、私は「彼女はダイエットを熱望しているんだな」と思っていました。ですが、そんな思いは、すぐに吹き飛んでいったのです。

なぜなら、彼女のセリフと行動が、あまりにもかけ離れていたからです。

彼女は、そのセリフを言うか言わないかのうちに、オヤツをパクパク食べているのです。「ヤセたい」と言いながら、平然とポテトを口に運んでいるのです。しかもかなりのハイテンポです。

これには、ビックリしました。しばらく開いた口がふさがりませんでした。

しかし、彼女の奇行は、そのくらいでは止まりません。ポテトを食べ切った後に、「あ〜、ポテト食べちゃった、太っちゃう」と言いながら、次はアイスを物色しているのです。

ようやく食べ終わった彼女はこう言いました。「また食べちゃった、明日から運動しなきゃ」

ですが、当然ながら、このセリフが実行された試しはありません。何日たっても運動しないのです。唯一するのは、また同じような奇行です。「ヤセたい」と言いながら、オヤツをパクパクするのです。毎日が、この繰返しです。彼女のお決まりのパターンなのです。

そしてこれが、ダイエットに成功できない人のお決まりのパターンなのです。

原動力をはっきりさせる

彼女の頭のなかには、一応、いつも「ヤセなきゃ」という意識はあります。だからこそ、「ヤセたい」「ヤセなきゃ」と、常に口ずさんでいるのです。しかし、カラダは一向にヤセてくれません。傍からみれば、当然です。言うだけで何もしていないのですから。ところが、彼女の意見は違います。「なぜこんなにダイエットをしているのに、ヤセないんだろう」と思っているのです。

では、なぜ、彼女はこうなってしまったのでしょうか。なぜ、こんなにもヤセたいと願っているのに、ダイエットが進んでいかないのでしょうか。それは、念が弱いからです。

ダイエットの敵は、本能です。あのとてつもなく強い食欲や休息欲が相手なのです。念は、それに打ち勝つレベルでなければなりません。しかし、彼女の念は、それらを到底吹き飛ばせるレベルではないのです。彼女は、ただヤセたいとつぶやいているだけに過ぎません。念ではなく、つぶやきなのです。ですから、どんなに四六時中考えていたとしても、一向に食欲に勝てないのです。戦うどころか、簡単に返り討ちにされてしまうのです。

ボディビルもダイエットも、成功のカギを握っているものは、念の強さです。そして、その念とは、1つひとつの念のことなのです。ヤセたいというセリフを何回言っているかではありません。1回1回の念が、本能に勝負できるレベルでなければならないのです。これが、大原則です。

ですから、彼女は、いつまでたってもヤセることはできないと、断言できてしまうのです。

では、なぜ、彼女は念が弱いのでしょうか。なぜこのような貧弱な念しかもてないのでしょうか。それは、「自分がなぜダイエットしたいのか」を、わかっていないからです。自分の原動力が何かを、わかっていないからです。

数年前に買った冷蔵庫があるとします。問題なく普通に使えているとします。そこで、ただ何となく「新しい冷蔵庫が欲しい」と思っても、買うには到らないのです。いまの冷蔵庫が壊れていないため、支障がないからです。

ですが、「今の冷蔵庫は小さすぎてアイスが入り切らない」という理由が出てくれれば、買うのです。「小さすぎて不便を感じた」という出来事を思い出せたら、買うのです。

この理由が、自分にとって重大であればあるほど、急いで買います。これが、原動力です。「大きい冷蔵庫があったら便利だな」では買いません。これでは、人間は、動かないのです。「大きい冷蔵庫じゃないとダメだ。いまの冷蔵庫なんてあっても意味がない」となるかどうかです。これが、念が強いということです。

「自分がなぜダイエットしたいのか」の理由を探すということは、こういうことなのです。

2 ダイエットを決意した理由

「自分がなぜダイエットしたいのか」を考えることは、とても大切です。念の強さに直結するからです。これは「ダイエットを決意した理由は何か」でもあります。これが、皆さんの原動力です。

そして、念です。

ダイエットしたいと感じるとき、感じたとき

- 何年かぶりに友人にあうとき
- スタイル抜群のステキな女性を街で見かけたとき
- 友人と話をしていて太った人の話になったとき
- 健康診断の日が迫ってきたとき
- 気に入った服のサイズが合わなくて断念せざるを得なかったとき
- お風呂あがりに正面の鏡に自分の体が映ったとき
- 友達に「ちょっと太ったんじゃない」と言われたとき
- 久々にあった友達がヤセてキレイになっていたとき
- ショーウィンドウに映る自分を見たとき
- なにかの拍子にボタンが飛んでいってしまったとき
- 記念写真をとったら自分だけ太かったとき
- 温泉旅行に行くことになったとき
- 電車で妊婦と間違えられてしまったとき
- 夏になり薄着の季節がきたとき
- 自分だけたくさん汗をかいていたとき
- 友達とプールに行くことになったとき
- 今まで着られていたサイズがきつくなっていたとき
- 指輪が入らなくなっていたとき
- 自分が結婚式をすることになったとき
- 彼氏や旦那さんにヤセてといわれたとき
- 一緒に歩いている友達がスリムなとき

過去を振り返ってみてください。すべては、過去にあります。皆さんの経験のなかに、ダイエットを決意した理由があるのです。

それは、例えば、上のようなものではないでしょうか。

3　客観的な目標を立てる

なりたいカラダを客観的に考える

ダイエットを決意したのには、理由があります。何もなく「ヤセたい」とは思いません。「絶対ヤセるんだ！」と決心したときがあったはずです。それが、皆さんがダイエットをする理由です。

これを明確にしないでただヤセたいといっていては、決してヤセることはできません。「これこれこういうことがあったから、そしてこうなりたいから、私はヤセたいんだ」―こうなって初めて、成功のスタートラインに立てるのです。

ダイエットには、「ヤセる」という視点があります。「細くなる」という意味です。

しかし、ヤセることの奥は深いのです。先に、ヤセるにもいろんな種類があるとお伝えしました。もちろん、なりたくないヤセた人になったのでは、まぎれもなく失敗です。

ヤセた自分を客観的に見て、「あ、いいヤセ方だな」と思えて初めて、成功といえるのです。これがヤセるという点での成功です。

一方で、ダイエットにはヤセる以外の視点があります。それは、「なりたいカラダになる」という視点です。実は、これが正解です。

ダイエットとは、ただヤセることではなく、なりたいカラダになることなのです。言い換えれば

「ステキなプロポーションを手に入れる」という見方です。

「ただヤセられればいいんだ」という人は、なりたいカラダがイメージできていないだけです。本当の目標をイメージできていないだけです。

ダイエットでスリムなカラダを手に入れられる人は、そうは思っていません。「あの女優のようになりたい」「あのダンサーのようなカラダになりたい」、こう思っているのです。これは、いわゆる憧れの人のイメージです。では、なぜ憧れの人をイメージするといいのでしょうか。

それは、カラダをトータルで見ることができるからです。総合的に見れるからです。

憧れのカラダに憧れる理由

すばらしいプロポーションとは、ヤセるだけでは、決して手に入りません。筋肉が必要です。栄養が必要です。「細さ」だけではないのです。細さ、筋肉、栄養の3つが揃って初めて、すばらしいプロポーションが生まれるのです。

「あぁ、あの人のようになりたい」という目標をもっている人は、「ヤセるだけではダメだ」ということに気づきます。憧れのあの人のカラダは、「栄養の行き届いた、ハリのあるみずみずしい肌」と「鍛えられたバランスよい筋肉」で構成されていることに、気づくのです。ですから、そこが自然と目標に入ってくるのです。

このような目標イメージのある人は、ステキなカラダになれます。ダイエットも成功します。細さにとらわれないからです。しかし、目標を細さに置いた人は、失敗してしまいます。その理由は、摂取カロリーを減らすことに、目が向いてしまうからです。

ケーキ1個と30分のランニングが、ほぼ同じカロリーです。そのカロリーをどうやって減らすか。ケーキは、食べなければいいだけです。ですが、ランニングは、行動しなければなりません。しんどい行動が伴うのです。ですから、圧倒的に、食欲でカロリー調整するほうが楽なのです。

ゆえに、細さに視点がいくと「食べない」を優先してしまうのです。本能的に自然な流れです。この流れに乗ってしまった人が、ダイエットに失敗する人です。

ですが、「あの人のようなカラダになりたい」という目標イメージができている人は、そうはなりません。エクササイズと栄養がなければ、目標が達成できないことがわかっているからです。すべてをバランスよく調整していくことが必要だと気づいているからです。ですから消費カロリーを意識したダイエットになるのです。エクササイズを重視するのです。楽さに流されていけば、なりたくないカラダになってしまうことを知っているからです。そして、さらには、美容やスキンケアにまで視点を向けていくのです。これが、「あの人のようになりたい」と思っている人です。

どんなにスタイルがいい人でも、栄養不足感があれば、「ステキだな」とは思いません。どんなにスリムでも、筋肉の存在が感じられなければ「スタイルいいな」とは思わないのです。「あの人のようになりたい」というのは、こういうことです。

これが、ダイエットでキレイなカラダを手に入れる人の、目標設定なのです。

4 ポジティブな目標を立てる

ここまでに、たくさんの「ヤセたい」という言葉を使用してきました。そして、特に説明をすることなく、使い続けてきました。ですから、皆さんは、何となく「ヤセたい」は「ヤセたい」だととらえていると思います。

ですが、実は、「ヤセたい」には、2種類あるのです。

それは、「ネガティブなヤセたい」と「ポジティブなヤセたい」です。このどちらの意味で使うかで、ダイエットが成功するかしないかに、きっぱり分かれてくるのです。

ネガティブ思考だと失敗してしまう

通常、皆さんが考えている「ヤセたい」は、ほとんどが「ネガティブなヤセたい」です。

今、いつもの自然な感じで、「ヤセたい」と言ってみてください。そのときのあなたの表情は、どうなっているでしょうか。眉間にシワが寄ってはいないでしょうか。厳しい顔やにがい顔になってはいないでしょうか。

実は、多くの人がこうなります。厳しい顔になる人は、ネガティブなヤセたいの人です。ネガティブとは、自分のカラダを非難しているという視点です。「こんな太ったカラダはイヤだ、だからヤせたい」と思っているということです。言い換えれば、「ヤセなきゃ」という考え方です。

これは、決してやってはならない考え方なのです。この思考になっている人は、いつまでたってもダイエットに成功することはできないのです。

なぜ、ネガティブなヤセたいは、よくないのでしょうか。それは、ストレスが発生するからです。ネガティブ思考は、ストレスがたまるのです。「自分のカラダのどこどこがイヤだ」「最悪だ」と考えていると、悶々としてきます。「ヤセなきゃ、ヤセなきゃ」と考えていると、「うぐぐぐ」となります。

そこで、ダイエットが進まないと、なおさらイライラしてきます。じれったくもなってきます。人間は、ストレスが発生すると、継続ができないのです。何かをやっていて、イライラしてくると「あ～あ、もういいや」となるのです。

ダイエットも同じです。「あ～、ダイエットなんてもうやめちゃえ」となるのです。嫌気がさして、途中で放り投げてしまうのです。これが、ダイエットを途中で断念してしまう人に、必ず共通している特徴です。

こうなる原因は、考え方にあります。「どこどこがイヤだからヤセなきゃ」という考え方です。これが、ストレスを発生させてしまうのです。

先に、ダイエットの最大の敵は、2つあるとお伝えしました。

1つは、本能である食欲や休息欲です。そして、もう1つは、このストレスなのです。

食欲や休息欲は、ダイエットを進めるうえでの、最大の敵です。ヤセるという点においての最大の敵なのです。人間の仕組みに関する最大の敵ということです。ですが「ダイエットを続けていく」という点においての最大の敵は違います。

それが、ストレスなのです。これがあると、必ず途中で止めてしまうのです。

① 本能に打ち勝つこと

② 本能に打ち勝つときにストレスを感じないこと

この2つが、ダイエットを成功させるために、欠かせない二大要素です。

どちらが欠けても、ダイエットに成功することはできないのです。

ヤセたいといったときに目が輝いているか

先に、欲求のすり変えの例をあげました。はじめ、「ケーキを食べたい」という欲求がある状態で、後から「服が買いたい」という欲求が出てきて、消し飛ばしてしまうというものです。これは、食べたいという本能に打ち勝つという点では、うまくいっています。買いたいという別の欲求で、消し飛ばしたからです。では、ストレスという点では、どうでしょうか。

実は、このケースは、ストレスについても、うまくいっているのです。ストレスレスの状態です。なぜなら、後から出てきた欲求が「ハッピーな欲求」だからです。ネガティブな要素がないからです。

このときの買いたいは、欲しかったものが買えるというものです。当人は、うれしくてたまらないだけなのです。ですから、欲求のをすり変えた後も、ハッピーなままなのです。

つまり、後からもってくる欲求が、「ヤセなきゃ」のような、ネガティブな要素を含むものではダメだということです。すり変えても、ストレスが発生してしまうからです。

では、どうやってネガティブなヤセたいを、ポジティブなヤセたいに変えるのでしょうか。それは「〜したい」「〜になりたい」という願望をもってくるのです。「モテたい」「羨望のまなざしで見られたい」「あのモデルのようになりたい」という願望をもってくるのです。これは、一言でいえば、憧れです。そして、最終的なゴールです。

ダイエットを成功に導くためには、「どういう体になりたいのか」という、目標の設定が大切です。「あの人のようになりたい」というイメージが、なりたいカラダに導いてくれます。その理由は、細さ、栄養、筋肉、この3つを意識できるからです。

ですが、そのような目標設定の最大の効果は、実はここにあるのです。ストレスレスという点です。ダイエットをゴールまで続けられる力が生まれるのです。

ただ単に「ヤセたい」「ヤセなきゃ」と考えていてはダメなのです。ネガティブな思考でいる限り、その人は、いつまでたってもダイエットには成功できません。必ず、途中で挫折したり放り投げたりしてしまうのです。大切なのは、どれだけ憧れを目標にするかです。「ヤセたい」といったときに、目がキラキラ輝いているかどうかです。

これが、成功する人の「ヤセたい」なのです。

5 過去のシーンが最大の念を生む

「喉もと過ぎれば熱さを忘れる」これは、誰もが知っていることわざです。人間は、まさに、このことわざのとおりの生き物なのです。

みんなでワイワイ話をしていると、テンションがあがって、「じゃあ来週スキーに行こう！」「いいねいいね。行こう行こう！」となることがあります。ですが、その後、コタツでまったりしてしまうと、「やっぱり冬はコタツに限るな。スキーはいいや」となってしまいます。これが人間です。

ダイエットも同じです。初心の状態であれば、誰でもダイエットができます。ダイエットのことしか頭にないからです。自分のなかで、ダイエットが、一番やりたいことになっているからです。

ダイエットの初心とは、ヤセたいと思った瞬間の気持ちです。その瞬間とは、107頁であげた、【ダイエットしたいと感じたとき】のリストが、その例です。

ヤセたいと思った原因を知ることがスタート

先に、「ヤセたい」「ヤセなきゃ」と、四六時中つぶやいている女性の話をしました。ヤセたいと口にしながらも、オヤツを食べてしまう女性です。

彼女は、確かに、ヤセたいとは感じています。ですが、なぜヤセたいのかがわかっていないのです。いったい彼女は、なぜダイエットがしたいのでしょうか。

それは、過去に、このようなショッキングな事件を経験したからです。そのときに、「ヤセたい!」と強く思ったのです。「何が何でもヤセるんだ」と決意したのです。これが、すべての始まりです。

しかし、その記憶が、時とともに薄れてしまったのです。事件を忘れてしまったのです。ですが、感情だけはぼんやりと残っています。それがつぶやきのヤセたいとして残っているのです。猛烈に楽しかったハワイ旅行の1年後に、「どこ行ったとかはあまり覚えてないけど、とにかくなんか楽しかったなぁ……」と、楽しかった感情だけ何となく覚えている状態です。

これが、弱まってしまった熱い気持ちです。そして、これが今の皆さんです。

大切なのは、「ヤセたいと思った原因が必ずある」ということです。何もないのに、決して「ヤセたい」とは思わないのです。カツ丼を食べたことがない人が、「あ~、カツ丼食べたい」とはなりません。カツ丼を食べたことがあるから、食べたくなるのです。そのときに「カツ丼って、こんなにおいしいんだ」と感動したからです。

ダイエットも同じです。ヤセたいと願うようになった理由が必ずあるのです。それが、過去の衝撃的な「シーン」です。自分の体験したショッキングな出来事です。

これが、皆さんのダイエット活動の始まりなのです。

本書を手にとられたのも、すべてはそのシーンからきています。

このシーンという「初心」を思い出すことで、すべては始まっていくのです。

6 シーンは本能を凌駕する

皆さんの「ヤセたい」は、「シーン」があったからこそです。あの事件がなければ、今も、何も気にせず、オヤツを食べているはずです。ケーキを何個食べても、何も感じないはずなのです。そしてまた、シーンは、たくさんあります。あげれば、キリがないほど出てくるはずです。それだけ皆さんは、たくさんのショッキングな事件を経験してきたということです。ですが、今はその記憶が薄れてしまっています。これは、大変もったいないことなのです。

これまでダイエットがうまくいかなかったのは、あの事件のことを忘れてしまっているからです。シーンの力を借りられなかったからです。はっきりいって、車にエンジンを載せるのを忘れて、発進してしまっているようなものです。それほどまでに、自身の苦い経験は、大切なのです。

また、シーンの力は、強大です。ダイエットの敵である本能を、消し飛ばせるほどに強いのです。お気入りの服のボタンがはじけ飛んだときに、ポテチが食べたくなるでしょうか。電車の席がきゅうくつで、冷や汗をかいたときに、ケーキが食べたくなるでしょうか。

いいえ、そうはならないはずです。ケーキどころか3度のゴハンさえいらないと思うはずです。これがシーンの力です。シーンに直面したとき、頭は、カラダのことでいっぱいになっているのです。「どうにかしてヤセたい」という思考しかありません。他の思考は、一切ないのです。

シーンの力をどれだけ利用するか

つまり、シーンのときが、「念」が最も強くなっているときなのです。どんな誘惑も、即、一本背負いです。エクササイズもオヤツカットもへっちゃらです。

もちろん、そこにガマンも根性も存在しません。楽しい旅行の準備をしている状態と同じです。ですから、オヤツカットをして「よしよし」となれるのです。ランニングをして大汗をかいたら、「いいぞ、いいぞ」となるのです。「楽しい」「気持ちいい」と感じながら、エクササイズができてしまうのです。これが、あのボディビルダーと同じ状態です。

ではなぜ、シーンの力はこうも強いのでしょうか。それはまぎれもなく自分の体験だからです。ですから、念が強く湧き起こり、無意識にさえ、反応してしまうのです。そして、何よりも優先するのです。

シーンとは、こういうことです。ヤセたいという念が、最高潮になっているときなのです。そして、そのときの念は、本能を凌駕しています。食欲や休息欲を、上回っているのです。ですから、この力を、何とかして利用しなければならないのです。

本能ダイエットとは、この状態を、故意につくり出すことです。必要なときに、ピンポイントで、その状態を生み出すことを追求したものなのです。

ダイエットの成功は、かつてのシーンや体験を、どれだけ活用できるかで決まるのです。

7 考えれば考えるほど念が強まる

では、どうやれば、念を強めることができるのでしょうか。第一には、まず、「シーンをしっかりと思い出す」ことです。

過去に、カツ丼に、衝撃的なおいしさを感じた事件を、経験したとします。しかし、今は、カツ丼のおいしさを、忘れてしまっている状態です。ただ「おいしかったな」という気分だけが残っている状態なのです。これが今の皆さんです。そのときのカツ丼が、どんなカツ丼だったのかも、覚えていないのです。どこで、誰と食べたかも、覚えていないのです。

あのときのカツ丼はなぜおいしかったのか

あのとき、カツ丼がたまらなくおいしく感じたのには、理由があります。それは、「どんなカツ丼だったのか」「どんなシチュエーションで食べたのか」です。これが、あのときのカツ丼のおいしさを決めているのです。

「肉がやわらかいロースだった」「厚みが2センチもあった」「鰹だしベースのタレだった」「卵の固まり具合がどうだった」……、こんなカツ丼だったから、おいしかったのです。「大好きな彼氏と食べた」「遊園地の後でおなかがグーグー鳴っていた」「店員さんの愛想がとてもよかった」

……、ですから、なおさらおいしかったのです。

あのとき感じた衝撃的なおいしいは、これらが生み出したものなのです。

思い出せば思い出すほどヤセたくなる

ダイエットも同じです。あのとき、ヤセたいと強く感じたのには、れっきとした理由があります。「どんな出来事があったのか」「どんなシチュエーションだったか」――これらがすべて合わさって、強烈な「ヤセたい」を生み出したのです。

大事なのは、これをどれだけ思い出せるかです。鮮明に思い出せれば出せるほど、念は強くなっていきます。これが第一のポイントです。

人間は、想像すればするほど、念が強まる生き物です。ラーメンのことを考えれば考えるほど、ラーメンが食べたくなります。ラーメンの状態を想像すればするほど、いっそう食べたくなってきます。今、ラーメンを思い浮かべてみてください。どんなラーメンが出てきたでしょうか。湯気が出ていることをイメージしてみてください。スープの色を想像してみてください。麺の太さや、チャーシューが何枚載っているかまで、想像してみてください。「食べたい」が、どんどん強まってくるはずです。

それだけではありません。さらには、実際に食べるシーンを想像してみてください。スープにレンゲをいれるシーン、麺を持ち上げるシーン、湯気の中を口に運ぶシーン、ハフハフすすっているシーン……、考えれば考えるほど、食べたくてたまらなくなるはずです。

これが、イメージの力です。具体的に考えれば考えるほど、気持ちが強くなっていくのです。この特性は、何でも同じです。嫌いな人のことを、「あ〜、あの人イヤだ、苦手だ、会いたくない」と思えば思うほど、いっそう嫌いになってしまうはずです。

反対に、好きな人のことを考えれば考えるほど、ますます好きになっていくはずです。はっきりいって、一回好きになってしまうと、もうアウトです。考えないようにしても、考えてしまいます。あの人には彼氏がいるから諦めようと思えば思うほど、諦められなくなります。その結果、ますます好きになってしまうのです。要は、考える回数なのです。

なぜかというと、あらぬ妄想が、加わり出すからです。事実を思い出すだけでは、おさまらないからです。好きな人と、一言「おはよう」と挨拶しただけなのに、その先のあり得ない展開を、妄想してしまうのです。

たとえ、彼氏がいても、「本当は私のことが好きなんじゃないかな」「内心は私からの告白を待っているはずよ」と妄想してしまうのです。ですから、イメージは強いのです。

ダイエットも同じです。あの衝撃的なシーンを、思い出すほどに、ヤセたくなってくるのです。それが具体的であればあるほど、膨らめば膨らむほど、いっそうヤセたくなるのです。

皆さんの気持ちの根源は、すべてシーンにあります。シーンこそが、パワーの源です。どれだけシーンを思い出せるかが、ダイエットの勝敗を決めるのです。

8　ダイエットが成功する思考ベクトル

イメージで念を強める

念の強さは、あの「事件」をどれだけ具体的に思い出せるかで決まります。お気入りの服を着ようとして、ボタンが飛んでいった事件です。同窓会で、「わぁ、ずいぶん太ったね」といわれたシーンです。友人と話をしていて、太った人の話になったときの、あのヒヤヒヤ感です。

このときこそが、念が最高潮のときなのです。このシーンを、頭のなかに鮮明によみがえらせることができたとき、皆さんのダイエットは、音もなく進みはじめるのです。

「シーン」という考え方は、本能ダイエットの軸です。いかにシーンをよみがえらせるか、いかに念を強めるかが、本能ダイエットが追求する点です。しかし、念を強める方法は、シーンを具体的に思い出すだけではありません。さらに念を強める方法があるのです。それが、「イメージ」です。先に「あの人のようになりたい」という、憧れの人を目標にする大切さをお伝えしました。

その理由は、①細さ、筋肉、栄養を意識することができる、②ヤセたいから、ストレスがなくなる、の2点だったはずです。「細さだけにとらわれないこと」「ダイエットをネガティブに考えないこと」、これが、健康スリムになるためのダイエットには、必要不可欠だからです。ですが、憧れのもつ力は、それだけではありません。念を、一段と強くしてくれるのです。

明るい未来を妄想する

「あの人のようになりたい」という人をイメージすると、自分もそうなりたくなってきます。細さ、筋肉、栄養に対する念が、生まれてくるのです。

ここでさらに、「その人がおしゃれをしてさっそうと歩いている姿」をイメージします。すると、いっそうその人のようになりたくなってきます。「その人がルンルンにスキップしている姿」まで想像すると、たまらなくなってくるはずです。「自分もああなりたいな」このような願望が、グンとアップするのを感じるはずです。これが、イメージの力です。

シャンプーのＣＭで、モデルさんがクッと振り向いて、サラサラつやつやの髪をフワッとなびかせるシーンを見ると、「このシャンプーぜったい欲しい」となります。それは、自分をそこにあてはめるからです。自分がそうやっているシーンを妄想するからです。これが、「妄想力」です。

妄想は、過去に起きたことに対しては行いません。よくないことに対しても、行いません。未来に対して、憧れに対して、妄想するから、妄想なのです。そして、この妄想の力が、実はとてつもなく強いのです。

シーンの先に未来の自分をみつめる

ダイエットに成功する人は、必ず憧れがベースになっています。そして、妄想も必ずもっています。あることないこと、妄想しているのです。

「きゃー、藤原紀香みたいになっちゃったらどうしようー」

「あの人に告白されちゃったらどうしようー」

「街でイケメンに囲まれちゃったらどうしようー」

こんなことまで考えているのです。

こんなことまで妄想しているから、ダイエットに成功するのです。強大な念を生むからです。

先に、念には3つの要素があるとお伝えしました。「強さ」「種類」「ベクトル」です。

そのなかで、強さとベクトルに関係するものが、この「未来妄想」なのです。

ダイエットの軸は、あくまでシーンです。ここがすべての原点だからです。ですから、念を強めるためには、まずはこのシーンをどれだけ思い出せるかです。

そして、それプラス未来妄想です。どれだけあることないこと妄想できるかどうかです。

この2つが、念の柱なのです。

つまり、ダイエットで必要な、念のベクトルとは、「今の自分」↓「かつてのシーン」↓「未来の自分」、この流れです。このように思考が向いていくことが、ダイエットを成功させるために最も大切なことなのです。

まず、今の自分を見つめます。そして、あの衝撃的な事件に、視点を向けていきます。

最後に、その視線の先に、「未来の自分」を見ていくのです。これが、念を最も強めるベクトルであり、ストレスレスの正しいダイエットベクトルなのです。

❺ 本能ダイエット法を実践する

1　五感とシーンの分析

考えるから誘惑に勝てない

先に、ダイエットは、シーンをどれだけ思い出させるかがカギだとお伝えしました。ですが、実は、頭で考えてシーンを思い出すことは、非常に難しいのです。なぜなら「思考は弱い」からです。隣で妹がポテチをポリポリやり出したときに、シーンを深く思い出すことは、まず不可能です。あえなく撃沈してしまいます。その理由は「本能VS思考」だからです。人間は、本能を前にすると、思考が停止してしまうのです。これが、これまで皆さんが、誘惑に勝てなかった理由です。

では、いったいどうすればいいのでしょうか。それは「五感」の力を利用するのです。五感とは、ある意味、本能です。なぜなら、五感が欲求を生み出すからです。

シーンは五感が引き起こしている

実は、あらゆるシーンに対して、五感が関係しています。例えば「ショーウィンドウで太った自分を目の当たりにした」という経験をしたとします。なぜ、このシーンでヤセたいが発生したのかというと、「目で、自分を見たから」です。

バッチリおしゃれをして、いい気分だったのに、ショーウィンドウに映った自分を見て、「あれ？

あんまりかわいくない」「ぜんぜんステキじゃない」……こう思ったのです。ショーウィンドウに映った自分を見なければ、決してこうは思わないのです。つまり、視覚が、「ヤセたい」という欲を引き起こしたのです。

また、友達に「ちょっと太ったね」と言われるシーンも、ダイエットを決意するシーンです。このシーンが発生してしまった理由は、友達に「言われた」からです。友達が突然こんなことを言わなければ、ヤセなきゃとは思わなかったのです。だまっていてくれれば、こうはならなかったのです。つまり、聴覚という五感が原因で、「ヤセたい」という欲が生まれたのです。

また、触覚がからむシーンもあります。「お気入りのジーンズがはけなくなった」という事件です。ここで、ヤセなきゃと思った理由は、「キツい」という体験をしたからです。ジーンズにカラダをねじ込むような感覚を体感をしたからです。ウエストのボタンを留めるのに、苦労したからです。これが、触覚が引き起こした決意です。

このように、強烈なシーンとは、必ず五感が関係しています。というより、五感がからんだからこそ、強い「ヤセたい」が生まれたのです。

実は、人間の感情とは、すべて五感からきているのです。思考では強烈な感情は生まれないのです。ですから、ダイエットにも五感を利用するのです。皆さんが、まずやるべきことは、このような「シーンの分析」です。自分の根源となるシーンが、どの五感から生まれたのかを知ることです。

これができて初めて、次にどう利用していくかが決まってくるのです。

2　視覚の力と写真の利用

五感の力は、とても強いものです。そして、とても楽です。ですから、ダイエットが成功するかどうかは、五感をどれだけ活用できたかで決まると言い切れます。

しかし、意図的に五感を利用している人は、まずいません。もちろん、結果として使っていたという人はいます。実は、ダイエットに成功している人のほとんどが、五感が使えているのです。

五感は、５つあります。そのうち、人間が最も頼りにしているものが、「視覚」です。目を閉じた瞬間に、あらゆるパワーがダウンするのを感じるはずです。いかに、人間は視覚に頼って生きているかが、わかります。

ダイエットにおいても同じです。「スリムになりたい」と思うのは、目があるからです。ついつい周りの人と体型を比較してしまうからです。周りの人の目が気になるからです。人間に目がなければ、決してダイエットをしようとは、思わないのです。もちろん、憧れも、目が原因で発生しています。ステキな人を見てしまうから、「あぁ、あの人のようになりたい」と思うのです。

未来を自由に描いたもの勝ち

五感のなかで、第一に活用すべきは、視覚です。マンションを売る不動産屋さんの広告もそうです。

例えば、防音マンションのアピールをするとき、「このマンションは、遮音性が別格なんです」「○○デシベルもカットできるんです」といっても、お客さんは乗ってきません。「へぇ～、そうなんだぁ」「すごいんだね」で終わってしまいます。

そこで、不動産屋さんはこうします。ロックバンドがガンガン演奏している部屋の隣の部屋で、赤ちゃんがスヤスヤ眠っている絵を見せるのです。そうすると、「おっ、これはすごい。欲しいな」「ウチにも赤ん坊いるからな」となるのです。

さらに、お客さんの欲を刺激するためには、ここに「未来妄想」も加えます。小さな娘さんが、ピアノを練習している絵を使うのです。

さらには、壁に「目指せ！ 全国大会！」と買いたポスターまで貼りつけます。そして、隣の家の赤ちゃんがスヤスヤ眠っているという絵をセットにします。

これで、お客さんは、「ウチの娘がピアノをやりだしても大丈夫だな」「全国大会を目指すために毎日ハードな練習をやることになっても、ばっちりだな」と妄想するのです。

もちろん、実際に娘さんが全国レベルになるかは、定かではありません。ピアノをやるかどうかさえ、実は不明です。そもそも、娘が生まれていなかったりもします。ですが、何となくそんな気になるのです。なぜなら、未来は、自由に描けるからです。

そして、このマンションは売れていくのです。

3　写真を撮ろう

では、ダイエットとシーンに、この視覚の力をどう使っていくのでしょうか。それは、「写真」です。頭にシーンを思い出させるために、写真を使うのです。

写真化することでシーンがよみがえる

まずは、数あるシーンの中で、視覚が原因となっているシーンを、ピックアップします。

例えば「ショーウィンドウで、太った自分を目の当たりにした」というシーンです。このケースであれば「自分のスタイルを見た」というのがヤセたいの根源です。

であれば、自分のスタイルを「デジタルカメラや携帯電話のカメラで撮る」のです。そして、それを写真化し、誘惑にあったときに取り出して、見るのです。たったこれだけです。これが基本スタイルです。

ここで大切なのは、「シーンの再現」という点です。ただ単に、自分のスタイルを写真にすればいいというものではありません。そのシーンの再現を意識して、写真をとるのです。

具体的にいえば、

・どんな服のときにそのシーンは起こったのか

・どんな場所、どんなシチュエーションで、そのシーンは起こったのか

これらを追求するということです。

なぜなら、写真を撮る理由は、シーンを思い出すことにあるからです。そして、シーンがしっかり思い出せるかどうかは、写真で決まってきます。ですから、どれだけシーンをよみがえらせることができる写真にするかが大切なのです。

その方法の1つは、服装や風景です。猛烈に楽しかったハワイ旅行の1年後に、「どこに行ったかは覚えてないけど、とにかく何か楽しかったなぁ……」と、感情だけ何となく残っている状態が、今の皆さんです。どこに行って何をしたのかを思い出そうとしても、思い出せないのが、今の状態です。

ですが、その旅行の写真を見れば、何をしたか、何が楽しかったのかを思い出すのです。写真に、ダイヤモンドヘッドが写っていたら、「暑くて苦しい登山だったけど、頂上は最高だったな」と思い出すのです。

さらにそこに、道の写真、着ていた服の写真、頂上の写真があれば、いっそう思い出すのです。どんなことがあったか、そのときの気持ち、そこで感じたこと、すべてを思い出すのです。

写真が具体的であればあるほど、まるで、いまがそのシーンの最中であるかのようにさえ鮮明によみがえってくるはずです。そして、「また、あの感動を味わいたい」「来月にでも行く計画立てようか」となるのです。

これから起こるシーンを大切に

これが、シーンの再現です。シーンの再現のための写真とは、こういうことなのです。そういった意味では、過去のシーンというより、これから起こるシーンに着目することが大事です。シーンをよみがえらせる写真が撮りやすいからです。皆さんは、これから先も、数多くのヤセたいと感じる事件を経験するはずです。その度に、熱い願望が湧き起こり、強い決意が生まれるはずです。

本能ダイエットの視点では、これらの事件は、宝です。もちろん、皆さん自身にとってもです。大切なのは、その事件をいかに忘れないようにするかです。忘れてしまったのでは、これまでとまったく同じです。結末も同じです。ですから、そのために、シーンを「保存」するのです。

旅行の写真を撮るのと、全く同じです。旅行で写真を撮る理由は、その旅行を忘れないようにするためであるはずです。この感動を忘れてしまわないように、後で思い出すことができるように、そのような願いを込めて写真を撮るはずです。それが、彼氏とのデートであれば、なおさらです。「今が永遠に」と願って、カメラを構えるはずです。

これが、「写真におさめる」ということです。

写真とは、ただの画像ではありません。そこに、そのときのすべてが、入っているのです。風景、思い、願い、希望……、そのときに感じたものすべてが、映りこんでいるのです。

ですから、シーンの写真を見たときに、皆さんの決意のすべてがよみがえるのです。

4 明るい未来をイメージしよう

ネガティブな気持ちでは失敗する

写真化したシーンに触れることで、あのシーンが自分のなかによみがえります。そして、あのときに感じた気持ちと決意が、再び湧き起こってきます。シーンの写真には、そういう力があるのです。

しかし、シーンは、総じてネガティブな決意が多いものです。多くが、「ヤセなきゃ」といった、現状否定になっています。このようなシーンは、単に写真化するだけではダメです。ストレスが発生するからです。決して、ネガティブな気持ちを、ダイエットの軸にしてしまってはならないのです。

先を見ることがダイエットの秘訣

そこで「未来妄想」を加えるのです。「あの人のようになりたい」「あの人に告白されたい」「街でスカウトされたい」――このような憧れをシーンの先に加えるのです。先を見るということです。

先に、ダイエットに欠かすことのできない「念のベクトル」をお伝えしました。「今の自分」↓「かつてのシーン」↓「未来の自分」という意識の向きです。

この視点は、もちろん「念をいっそう強めるため」という点でも、欠かせないものです。ですが、一方で、「ネガティブをポジティブに変える」という手段でもあるのです。

具体的な思考の流れは、こうです。「今のカラダはダメだ」↓「あの人のようなカラダになって街でスキップするんだ」――これが、ダイエットに成功する思考の流れです。

未来妄想というワンクッションを入れるだけで、ネガティブがポジティブに変わるのです。眉間にシワを寄せていうヤセなきゃが、目をキラキラ輝かせていうヤセたいに変わるのです。これが、未来妄想のもつ力です。これを、ダイエットに取り入れるのです。

この力を味方にするためには、未来妄想も写真にする必要があります。シーンだけが写真になっていて、未来妄想が思考のままでは、ダメだからです。

では、どうやって写真化するのでしょうか。それは「アイコラ」です。憧れの人の写真に対して「顔だけを自分に変える」というものです。

例えば、藤原紀香さんが憧れであれば、その写真の顔の部分に、自分の顔を貼るのです。もちろん、明るい未来妄想ですから、にっこり笑顔が絶対です。それを、携帯電話やデジカメで、同じようにパチリとおさめるのです。たったこれだけです。ですが、たったこれだけのことで、一気に目が輝くのです。その写真を見るだけで、いい気分になれるのです。

憧れの人がスキップしているシーン、お姫様抱っこされているシーンであれば、いっそう気分が高まります。なぜなら、自分がその憧れの人になってしまうからです。ですから、成功する念が生まれるのです。そしてこれが、「先を見る」ことの力です。

未来の自分の姿を、リアルに想像することで、気持ちと行動が、大きく前に向くのです。

5 ダイエットとは貯金である

憧れだけでは弱すぎる

ダイエットは、「先を見る」ことが大切です。どれだけ明るい未来を妄想できるかどうかで、成否が決まります。ですからネガティブなシーンは、必ず「憧れに置き変える」ことが必要なのです。

こういうと、「シーンは本当に必要なの？」「憧れだけを写真化すればいいのでは？」、このように思う人がいます。確かに、憧れや未来妄想は、ネガティブもなければ強力な念も生み出してくれます。ですから、一見すると、未来妄想の写真だけがあればいいようにも思えます。

しかし、実はそうではありません。シーンは必ず必要なのです。憧れだけだと弱いからです。

先に、大きい冷蔵庫が欲しいという例をあげました。この先にある憧れは、「大きい冷蔵庫だと箱アイスが3個も入れられそう」「あんなものもこんなものも入れたい」というものです。

ですが、果してこの憧れだけで冷蔵庫を買い換えるでしょうか。いいえ、そうはならないはずです。それは、今の冷蔵庫に不満がないからです。不満があったとしても、弱いからです。

大きい冷蔵庫を買うかどうかは、「箱アイスが入らなくて、バラさざるを得なかった」「買ったものが全部入りきらなかった」——このようなシーンを経験したかどうかなのです。そこで「今の冷蔵庫はダメだ」「あっても意味がない」と感じたかどうかです。これを思い出せるかどうかです。

本気を生み出してくれるものがシーン

人間は、このような強い不満を経験して初めて、「本気」になります。この不満を思い出してはじめて、「よし、今から貯金をしよう」となるのです。「身銭を切ろう」と真剣に考えるのです。これが、シーンがなくてはならない理由です。

現状を変えようと本気で思うためには、苦い経験が必要不可欠なのです。人間は、危機感を感じなければ、決して強い一歩は踏み出せないのです。テスト勉強をがんばるのも、赤点とったら怒られるという危機感があるからです。遅刻しないようにダッシュするのも、遅刻したら評価が下がるという脅威があるからです。

これが、本気の一歩を生み出すのです。シーンとは、ダイエットにおける危機感なのです。ダイエットは、「貯金」です。なりたいカラダや憧れの人生を手に入れるための貯金活動です。ダイエット貯金は、本気でなければできません。「よし、今から1年かけてコツコツ貯金していこう」となれるかどうかは、本気になれたかどうかで決まります。そして、その本気を生み出すものがシーンです。

もちろん、憧れも、ダイエットに欠かすことはできません。ですが、憧れは、その先の話なのです。憧れだけでは、重い腰があがらないのです。「毎日300円貯金をしよう」という、シーンが起こした本気に対して、「よし、もう200円追加しよう」というのが、憧れなのです。

6 外出中の対策をしよう

写真を使えば、シーンを保存することができます。そこに、シーンのすべてが入り込むのです。その写真を見ることで、シーンを思い出すことができます。あのとき、自分がどんなふうに感じたのか、どんな行動をとったのか、どんな冷や汗が出てきたのか……、すべてのことがよみがえります。あたかも、今、体験しているかのようにさえ感じられてきます。

そして、自然と「ヤセたい」という念が湧いてきます。これが、シーンの写真化の力です。

1日の大半は外出している

しかし、写真は、ときに不便を感じます。それは、「見る場所を選ぶ」「持ち運びや管理が面倒」という点です。

自宅にいるときは、何も問題なく簡単に見ることができます。部屋の壁に貼ることもできれば、写真立てに入れておくこともできます。自然に目に入れることもできます。ですが、外出中はそうはいきません。アルバムで持ち運ぶのも、重くて不便です。見れば念が高まるとはいっても、ところかまわず眺めるわけにもいきません。電車内で写真を取り出して眺めていると、少し違和感があります。写真とは、ある意味、家用なのです。

ですが、ダイエットの成否を握るカギは、実は、外出時にこそあります。なぜなら、ほとんどの人が、1日の大半を外出しているからです。皆さんの誰もが、仕事や学校に行っているはずです。通勤通学もあるはずです。休日も外出するはずです。

そう考えると、1日どころか、人生の大半は、外出しているのです。つまり、自宅にいるときにダイエットしていればいいわけではありません。それどころか、外出中にしっかりダイエットをしなければ、ダイエットは進んでいかないのです。

外出中のダイエット対策が決め手

さらには、外出時にこそ、甘い誘惑があるのです。街を歩いていると、華やかなケーキ屋さんもあれば、甘い香りのクレープ屋さんもあります。誘惑されるから見たくないと思っても、見ないわけにはいきません。お店側も、しっかりアピールしてくるからです。クレープ屋さんのあの香りも、パン屋さんの「ただいま焼きたてがあがりました」セリフも、皆さんをバンバン誘惑するための、お店の作戦だからです。

もちろん、外食もそうです。バラエティーに富んだメニューを見ると、つい多目に注文してしまいます。そもそも、健康スリムな人は、むやみにファーストフードには入りません。ですが、太っている人は、ファーストフードによく行きます。あれは、太っているからよく行くのではありません。よく行くから太るのです。なぜなら、ファーストフードは、主食というよりオヤツだからです。

オヤツの宝庫なのです。

大事なのは、そこでどんな注文をするかです。追加のソフトクリームをやめられるかどうかです。いつもポテトのLを注文している人が、Mにできるかどうかです。

小さな変更だと思うかもしれませんが、このような小さな変更の積重ねが、大きな成果になるのです。そして、これが、ダイエットです。

つまり、ダイエットは、外出中こそが、勝負なのです。外出中にいかに誘惑に負けないかが、ダイエットの成否を握っているのです。

しかし、ここがおそろかになっているのが、今のダイエットです。どのダイエット法も、そのほとんどは、自宅でやるものです。ダイエットグッズやダイエットレシピは、どれも自宅でしかできません。外出中にこそ、誘惑が多いというのに、外出中のダイエット法がないのです。もちろん、外出中の誘惑対策もありません。強いていうなら、「外出中の誘惑は、意志とガマンで乗り切りましょう」というだけです。

もちろん、これには何の効果もありません。ポテトのLをMに変えることができません。なぜなら、思考だからです。ダイエットで大事なのは、外出中の誘惑時にいかに念を強められるかです。どれだけ、シーンを思い出せるかどうかです。

そのためには、外出中にこそ、五感でシーンに触れることが必要なのです。

7　携帯電話を利用しよう

携帯電話の待受け画面にシーンを

　ダイエットは、外出中こそが、勝負の分かれ目です。ここをどう対処できるかで、ダイエットに成功するかどうかが決まってきます。

　問題は、どうやって外出中の誘惑時にシーンに触れるかです。その答えが「携帯電話」です。携帯電話の中に、写真というシーンをひそませておくのです。これで、外出中でも、どんなときでも、簡単にシーンに触れることができます。なかでも、最良なのは「待受け画面」です。開いた瞬間に見ることができるからです。これが、本能ダイエットの基本スタイルです。誘惑にあったときに携帯を取り出して、パチンと開くだけです。たったこれだけです。

　ですが、ここにダイエットの成功に必要なものが、すべて凝縮されているのです。そして、これは、携帯電話でなければならないことなのです。

携帯電話だからこそダイエットが進む

　ダイエットを成功させるためになくてはならないものとは何でしょうか。なぜ、携帯電話でなければならないのでしょうか。

それには、3つの理由があります。「手軽さ」「自然さ」「頻繁性、無意識性」です。携帯電話は、ちょっとした時間があれば、開いてしまうものです。そして、たとえ用がなくても、何気なく開いてしまうものが、携帯電話です。これが、携帯電話のスタイルなのです。当たり前になっているので気づきませんが、実は、これはとてもすごいことなのです。あらゆるもののなかで、携帯電話ほど、生活に密着した身近なものはありません。

ダイエットは、誘惑との勝負です。いつ何どき、誘惑があるかわかりません。「いつもポケットに入っているから」「ポンと開くだけでいいから」これが携帯電話の力です。

2つめの理由は、自然さです。携帯電話は、どこで取り出しても、どこで開いても、自然なのです。ケーキ屋さんの前で、携帯電話を取り出しても、全く普通です。ファーストフード店では、すでに、皆、携帯電話を開いています。食事中でも、トイレでも、会社ででも、オールＯＫなのです。

これが、携帯電話のすばらしい点です。携帯電話だけに与えられた特権なのです。

携帯電話はダイエットのクーポン券

そして、最後の理由は、「頻繁性、無意識性」です。実は、これが最大の力です。携帯電話は、とにかく頻繁に使います。それは、機能が多いからです。電話、メール、インターネット、テレビ……、ないものはないというほど様々な機能があるからです。メールが届いていれば開くし、届いていなければいないで、問合せしたりするのです。

なぜ、皆、そんなに頻繁に、携帯電話を使うのでしょうか。

1つは、時計です。携帯電話を時計代わりに使っている人が、とても多いのです。携帯電話のおかげで、腕時計を持たなくなったという人もかなりいます。今の時代、腕時計を持っている人は、ビジネスマンかファッション用です。もはや、腕時計がおまけなのです。「今、何時かな」と思えば、時計ではなく、携帯電話を手に取るのです。

また、もう1つの理由は「コミュニケーション」です。携帯電話は、単なる電子機器ではありません。現代の最大のコミュニケーションツールなのです。

人間は、多くの人とつながって生きています。そしてそこに、生きている実感を感じるのです。ですから自然と、携帯電話に触れてしまうのです。無意識に眺めてしまう人もいるはずです。ずっと握りしめているという人もたくさんいます。これが、他のツールと決定的に違う点なのです。

では、なぜ、この性質が最大の利点なのでしょうか。それは、「見落としがない」からです。

誘惑にあったときに、決してやってはならないのは「写真を見なかった」ということです。いくら誘惑に勝てる力を秘めたシーンの写真を持っていても、肝心なときに見なければ、何の意味もないのです。クーポン券を持っているのに、レジで出し忘れるのと同じです。ダイエット券を持っているなら、それを出さなければ、意味がないのです。

ですが、このような携帯電話の性質があることで、出し忘れがなくなります。開くのを忘れたという「ぬかり」を、決定的になくすことができるのです。これは唯一、携帯電話だけがもつ力です。

それは、「ついでに使う」という性質があるからです。

実は、これまでのダイエットグッズは、「ダイエット専用」なのです。チューブ、ダンベル、レシピ、すべてそうです。おまけで使うということが、あり得ないのです。ダイエット専用ということは、ダイエットグッズを手に取る前に、「よし、ダイエットするか！」と、気合いを入れなければならないということです。

ダイエットグッズは手に取るまでが勝負

ところが、ダイエットに成功できない人は、この気合いが入らない人なのです。はっきりいって、ダンベルを手に取りさえすれば、その先は誰でもできるのです。すでにダイエットに成功したようなものです。大事なのは、いかにダンベルに手を伸ばすかです。

つまり、ダイエットは、グッズを手に取るまでが、勝負なのです。ですから、どれだけ、グッズを手に取るための気合いをなくせるかが、最大のカギとなるのです。

では、どうすればいいのでしょうか。それは、「別の用途で使っているものが、ダイエットにも使える」というスタンスにすることです。いわゆる、一石二鳥です。しかし、偽りの一石二鳥では、全く意味がありません。

世の中には、一石二鳥を謳《うた》うものは、数多くあります。ラジオ付きライトや、ボールペンとシャープペンが一体化したものがそうです。どちらも便利です。

ところが、飛ぶように売れているかというと、そうではありません。単なるライトやボールペンに格段に負けています。なぜなら、それらは、実は不便だからです。ラジオ付きライトは、ただのライトより明らかに大きくて重いです。また、ラジオの性能も、一般的なラジオにかないません。一体化ペンも、普通のボールペンやシャープペンより太いです。一見、便利そうにみえて、本当は不便なのです。

ですから結局、ライトはライト、ラジオはラジオ、ボールペンはボールペンに戻っていくのです。中途半端が合わさっても、専門には勝てないということです。ただ単に、一つ二役にすればいいということではないのです。

おまけでダイエットができてこそ続く

本当の一石二鳥、いい一石二鳥とは、まったく負担がないセットです。好きなことをしていて「気がついたらこんな効果もあった」というのが、本当の一石二鳥です。このスタンスがあって初めて続くのです。

いつも行っている大好きなラーメン屋さんのラーメンに、ヤセ薬が入っていたのであれば、一石二鳥です。ですが、ヤセ薬が入っているからあのラーメンを食べるんだとなれば、一石二鳥ではありません。目的は、ラーメンではなく、ヤセ薬だからです。ヤセ薬が入っていなければ、もっとおいしいラーメン屋さんに行くからです。

継続できるものとは、1つの目的のために選んだものです。ですから、2つ目の効果を意識して買うのであれば、それは決して続かないのです。ほどなくして、必ず、1つ目の目的をより高く満たしてくれるものに流れていきます。

ダイエットも同じです。「おまけでダイエットできている」という状況があれば、ダイエットは間違いなく進んでいくのです。大好きなラーメンが、実はヤセ薬入りだったというのであれば、誰でも必ず継続できます。それを実現してくれるモノが、携帯電話なのです。

携帯電話は、すでに持っている「お気入り」です。そして、いつも取り出して使っています。それが、ダイエットグッズとなったとき、ダイエットは必ず続いていくのです。ただ、いつものように使えばいいだけだからです。開いたらシーンがあるだけの話です。本当の一石二鳥です。全く余分な負荷がないのです。

しかも、携帯電話は、1日に何回、手に取っているかわかりません。ダイエットグッズを、これだけ手にすることができるでしょうか。

これが、携帯電話をダイエットに使う、最大の理由です。

習慣化されているから強い

このようなすばらしい特性は、あらゆるもののなかで、携帯電話だけがもっています。幸いなことに、写真も音声も動画も扱えます。だからこそ、究極のダイエットグッズになるのです。

五感をダイエットに利用しよう、携帯電話をダイエットグッズにしようと決めた時点で、実は、成功が見えてきます。そして、皆さんが実際にやることは、たった1つです。それは「誘惑にあったときに、携帯電話を開いて、目でシーンに触れる」ということです。たったこれだけです。目標とする形は、習慣化です。初めのうちは、携帯電話にシーンがあるという認識から、スタートします。これは、1日で慣れます。あとは、誘惑にあったときに開くことを習慣化させるだけです。たったこれだけです。まったく面倒な点はありません。

そもそも、実は、意識して習慣化させるまでもありません。携帯電話を日常的に使用していれば、必ず待受け画面が目に入ってくるからです。時計を見るたびに、画面が見えるからです。別に意識しないでも、自然と、事は進むはずです。

自然と事が進む、これこそが携帯電話の力です。

8 音と言葉の力

五感のなかで、視覚に次いで影響力のあるものが、「聴覚」です。カフェでも、クラシックを流していれば「あのカフェは落ちついたお店」といわれます。ところが、ロックを流せば、一転して一気に熱いカフェに変貌します。音は、気分を決めるのです。

人間も同じです。ゆっくり低い声で話せば、相手は「この人は、落ちついて余裕のある人だな」と思います。ですが、高い声で早口でしゃべると「せっかちで子供みたいな人だな」と思うのです。

これが、音の影響です。そしてこれが、視覚と聴覚の決定的な違いです。

音が気分に与える影響は絶大

シーンについても、同じことがいえます。音が気分を決めるということは、衝撃的なシーンには、音が関係しているということです。

あるダイエットの統計で「ダイエットを決意した理由は何ですか」という質問があります。この答えの第一位が、「周囲の人に『太ったね』といわれたから」というものです。

この決意の原因は「言葉」です。つまり、聴覚が関わるシーンです。人間、何がキツいかというと、誰かに何かを言われるということが、実は、最もキツいのです。

なぜかというと、1つは、言葉のほとんどが「受け身」だからです。見るというのは、多くが自発的な行為です。自ら意識的に見るというのが、目の使い方なのです。ですから、心に余裕があります。それゆえに、視覚のインパクトは、あまり強くないのです。

しかし、「太ったね」のような言葉は、自分にとっては、全く予想外の攻撃なのです。心の準備ができていないところへの、不意打ちなのです。ですから、インパクトが強いのです。

人に言われるからキツい

また、2つ目の理由は、「コンプレックスを突かれる」からです。自分が太っていることは、自分でわかっています。そして、それを気にしています。「気にしているんだから、言わないで」と、内心びくびくしているのです。なのに、そこを突かれるから、ショックなのです。「気にしているのに言わないでよぉ」と泣きたくなってしまうのです。

ダイエットを望む人は、繊細な人です。前より太ってしまったことは、自分でわかっています。ですが、それを認めたくないのです。何とかあやふやなことにしたいのです。そして、かすかな望みをもっているのです。「やっぱりちょっと太ったかな……。いや、でもそうでもないかも」こう思いたいのです。そしてまた、周りにも、太ったことがバレないように願っています。

誰かに会うとき、太ったことを言われたくないのです。それ以前に、気づかれたくないのです。「もしかしたら、自分が太ったことわからないかも」、こう願っているのです。

そしてさらに、そうなるように努力をします。メイクや髪型や服装を、一生懸命に試行錯誤するのです。「細く見える服にしたからバレないかも」「うまくメイクしたし、髪も下ろしたから気づかれないかも」、こう思っているのです。友達に会うまでの間、頭のなかはそのことで一杯です。なのに、会った瞬間に「ちょっと太ったんじゃない？」と言われるから、ショックなのです。

気持ちが音になったものが言葉

そして、最後の理由は、「相手の気持ちがわかってしまう」からです。

みんなでランチを注文するときに、「あなたは、大盛りでいい？」と言われると、「えっ、私のこと、そんなふうに思っていたの？」とショックを受けてしまいます。

これは、相手がどう思っているのかを、知ってしまうからです。「そんなにバクバク食べそうに見えるの？」「私のこと、そんな目で見ていたのね」と思えてしまうからです。

こう考えると、聴覚は、視覚をはるかに上回る力をもっていることがわかります。なぜなら、言葉には、相手がいるからです。そして、言葉の裏には、相手の心理があるからです。これが、言葉の特性であり、人間の特性なのです。

この特性は、逆に考えれば、とても大きなチャンスです。ダイエットに利用すれば、このうえない大きな見方になるということです。聴覚を使えば、視覚以上に念を強めることができるのです。聴覚をダイエットに利用しない手はないのです。

9　聴覚を利用しよう

シーンのセリフを再現する

聴覚の使い方もシンプルです。基本は、あくまで、シーンのデータ化と携帯電話です。皆さんが経験した数あるシーンの中に、聴覚が原因となっているものがあるはずです。その言葉を再現して、音声データ化するのです。

例えば、友達に「最近、太ったんじゃない？」と言われたシーンがあるとします。この場合は、そのセリフを自分で吹きこみます。直接、携帯電話に録音してもいいし、他の録音機を使ってもOKです。そして、それを音声データとして、携帯電話に常備するのです。後は、誘惑にあったときに、携帯電話を取り出して聴くだけです。たったこれだけです。

ここで大切なのは、吹き込むときの声です。シーンの言葉は、まぎれもなく他人にいわれたものです。ですから、それを自分でいうということは、代用になります。つい、「自分の声では意味がないのでは？」と思ってしまいがちです。

ですが、本人の声にこだわる必要はまったくありません。自分の声でいいのです。なぜなら、シーンの再現が目的なのではなく、シーンを思い出すことが目的だからです。シーンは、自分の声でも思い出せるのです。セリフがシーンを連想させるからです。脳が勝手に結びつけてくれるからです。

もちろん「どれだけシーンをよみがえらせることができる音声にするか」を追求すればするほど、その効果は高くなります。そして、もちろんコツがあります。

その1つが、言い方です。棒読みでは、強くシーンを思い出せません。大事なのは、「そのシーンがどんな言い方だったのか」です。その言葉を発したときの相手の表情がどうだったかまで、思い出すことがポイントです。表情を意識すると、自ずと言い方が決まってくるからです。

言い方を再現すればするほど、シーンがポンと浮かぶようになってきます。

聴覚のからんだシーンには、皆さんの本当の根源があるはずです。いうなれば、ダイエットの最大の宝です。聴覚をうまく利用した人こそが、ダイエットを楽に進めることができるのです。

どんな言葉を使うかがカギ

先の例は、ネガティブなセリフです。しかし、もちろん、ポジティブな念を生み出していく必要があります。実は、ダイエットを決意するシーンには、ポジティブなセリフのシーンもあるのです。

例えば、次のようなシーンです。「あ、なんかキレイになったね」「あれ？　ちょっとスリムになったんじゃない？」――このように言われた経験がある方も、多いのではないでしょうか。そして、このような言葉を聞いたとき、とてもうれしく感じたのではないでしょうか。「もっとキレイになろう」「もっとスリムになろう」、こう決意したはずです。

また、他には、こんな言葉もあります。「あと3キロヤセたら、もうモデルと見分けがつかなくなっちゃうね」「モデルに応募すれば、合格するんじゃない？」もちろん、皮肉っぽい言い方は別です。純粋に明るく言われる場合です。

このような言葉を明るく言われると、テンションが一気に上がります。やる気が出すぎて、本当にモデルを目指してしまいそうにもなるはずです。

人間は、ほめられるとテンションが上がります。これが、「ほめ言葉」の力です。

もちろん、ベースはあくまでシーンです。大事なのは「その後にどんな言葉をもってくるか」です。

「スリムになる嬉しさを刺激する言葉」を選び、それをプラスしていくことが大切なのです。携帯電話の言葉を聞き終わったとき、「絶対スリムになりたい！」「よ〜し、モデルになっちゃおう！」

――こう思えたとき、皆さんのダイエットは、すでに成功しているのです。

10 本能ダイエットの本当の意義

ダイエットの敵は本能です。これは決して変えることはできません。ですから、私たちは、いかにこの敵を攻略するかに目を向けなければならないのです。

そして、それを実現してくれるものが、「シーン」「未来妄想」「携帯電話」です。この3つこそが、ダイエットを、本当の成功に導いてくれるものなのです。

思考でケーキと戦っていたから負けていた

これまでは、頭で考えることしかできなかったと思います。街でおいしそうなケーキ屋さんに遭遇したとき、家でついついポテトチップスに手が伸びそうになったとき、エクササイズが面倒くさく感じたとき、皆さんはどうなったでしょうか。「オヤツはダメだ」「エクササイズをしなければ」、――このことは、頭ではわかっていたはずです。ですが、本能が出す誘惑に負けてしまっていたはずです。ダイエットに成功できない人は、まぎれもなく誘惑に負けてしまう人なのです。

では、なぜ、誘惑に負けてしまったのでしょうか。それは、1つは、シーンという初心を忘れてしまっているからです。そして、その先にある明るい未来まで、目を向けなかったからです。

ですが、本当の理由は、違います。誘惑に負けた本当の理由は、「頭で考えていたから」です。思考は、あまりに弱いものです。現に、昨日会ったばかりの大好きな恋人の顔すら、はっきりと思い出せないはずです。たとえ、おでこがくっつくような距離で、ずっと眺めていてもです。

これが、人間です。ですから、ケーキという本能に、思考で戦いを挑むということ自体、すでに負けを意味していたのです。鉄の壁に、豆腐を投げつけようとするのと同じです。それ以前に、先にケーキが出てきていれば、思考は、現れることすらできません。豆腐を投げつけようとして、フォームの途中でグシャっと握りつぶしてしまい、投げることさえかなわないのです。

それほどまでに、ケーキという誘惑にあったときに、頭でダイエットのことを考えるというのは、キツいことであり、無謀なことなのです。

冷静になれなかったときに後悔する

誘惑に負けて食べてしまった人は、後でいつも、「あ～あ、また食べちゃった」「あのときケーキを食べなければよかった」――こう後悔しています。

この後悔は、実は、ケーキを「食べてしまった」ことに対する後悔ではありません。あのとき、「ダイエットのことをしっかり考えること」ができなかったことを悔いているのです。自分の甘さ、意志の弱さ、ふがいなさに、腹が立っているのです。

これまでの皆さんは、誘惑に負けて、ケーキを食べてしまっていたはずです。それは、目の前のケーキとダイエットを天秤にかけて、ケーキに傾いたのではありません。天秤にかけることすらできなかったのです。両者を落ち着いて天秤にかけることさえできれば、後悔はしないのです。思考や意志はあてにならないということに、どれだけ気づけるかです。

五感を使うことで冷静になれる

そしてそのうえで「ケーキとダイエットをしっかりと天秤にのせるにはどうすればいいか」を考えることが大切なのです。そうすれば、五感という道が、自ずと見えてきます。思考でダイエットを天秤に載せることができないのであれば、五感に載せてもらうのです。

五感で感じたものは、欲求と思考になります。考えなくても、見るだけでそうなるのです。ケーキのことを考えていなくても、ケーキの写真を見ると「食べたい」となります。無邪気な赤ちゃんをみると、自然に「かわいいな」と思ってしまうのです。

もちろん、シーンも同じです。シーンを忘れてしまっていても、シーンの写真を見ると「ヤセたい」となるのです。たとえ、すでにケーキに意識が向いてしまっていてもです。シーンの写真や音声が、自然と、自分をあのシーンへと引き戻してくれるのです。自分がウンウンうなって、思考をめぐらす必要はないのです。

これが、五感の力です。「本能VS本能」の構図です。ですから、対等な天秤評価を生むのです。「ケーキとダイエットのどちらを傾けようか」を、落ち着いて判断できるようになるのです。もちろんその結果として、ケーキを選んでもかまいません。なぜなら、そこに後悔はないからです。「よし、今日はケーキを食べよう」と、自分が冷静に判断した結果だからです。

後悔のないダイエットが理想のダイエット

街でおいしそうなケーキ屋さんを見てしまったとき、これまでは、「食べるか食べないか」を、ただ頭で考えて選択するしかできませんでした。ですが、本能ダイエットがあることで、冷静に初心や憧れを思い出して、そのうえで、食べるか食べないかの選択をすることが、できるようになるのです。

そもそも、ケーキを食べたからといって、ダイエットが成功しないわけではありません。ダイエットは、長期プランだからです。

ただ、ダイエットで最も大切なことは、「誘惑にあったときに、初心や憧れといった目標を深く思い出す」ことができるかどうかです。「食べるか食べないか」「走るか走らないか」を、冷静に選択することができるかどうかです。この「機会」を皆さんに与えてくれるものが、本能ダイエットなのです。

甘い誘惑にあった後に、「自分で目標をしっかり思い出したうえで、選択することができた」「結果は食べたけど、選択に納得できた、後悔しなくてすんだ」、こう感じることができたなら、それは、何よりすばらしいダイエットなのです。

❻ 維持とエクササイズの秘訣

1　維持の秘訣はストレスレス

カラダは一生のつきあいです。いくつになっても、何をするときも、常に自分とともにあります。だからこそ、なおさら、ステキなカラダに憧れるのです。一時のものではないからです。

ダイエットの成否は維持できているかどうか

そういった点でも、ダイエットで最も大切なことは、実は、「維持」です。ダイエットは、目標体重やなりたいカラダになって、「はい終わり」ではありません。維持ができて、はじめて「カラダづくりが成功した」といえるのです。

例えば、1年で、70キロから60キロまで落とした人がいるとします。ですが、リバウンドして、もとの70キロに戻ってしまったら、果してその人は、ダイエットに成功した人だといえるでしょうか。いいえ、そうではないはずです。皆、口を揃えて「あの人は、ダイエットに失敗した人だ」というはずです。

つまり、維持ができなければ、失敗なのです。半年でリバウンドしたのか、3年かけてリバウンドしたのかは、関係ありません。維持ができているかどうか、ただそれだけが基準なのです。

ですから、ダイエットとは、まぎれもなく維持なのです。維持がすべてということは、「目標を達成してからが真の勝負の始まり」だということです。言い換えれば、ダイエットは一生ものだということです。ある意味、死ぬまで続く長期戦です。これを決して忘れてはならないのです。

維持を維持にしてはならない

では、スリムになったカラダを、ずっと維持していくためには、何が大切なのでしょうか。それはもちろん、どれだけガマンや根性のない、ストレスレスの維持をするかです。死ぬまで続く長期戦を制するには、これが必要不可欠なのです。では、実際どうすればいいのかというと、「憧れ」を使うのです。維持でもやはり、憧れなのです。

ダイエットを憧れでストレスレスにすることの大切さは、わかっていただけたと思います。「あの人のようになりたい」「あんな未来になりたい」です。ですが、たとえそれができていたとしても、ダイエットの目標を達成したときに、一気に落とし穴が生まれてしまうのです。

なぜなら、目標を達成すると、この憧れがなくなるからです。「やった。達成したぞ」となるからです。実はここで、ストレスが生まれはじめるのです。なぜ、目標を達成してしまうと、ストレスが生まれ始めるのでしょうか。それは、「維持しなきゃ」という思考になるからです。

目標を達成すると、残るは、維持です。これが、ダイエットの本当の壁です。そして、それは、誰もがわかっています。誰もがわかっているから、なおさら、「維持しなきゃ」「リバウンドしたら失敗したと思われる」と思ってしまうのです。こう思ってしまった時点で、アウトです。そこからガマンや根性の世界に入っていってしまうからです。

つまり、ダイエットに成功したとたん、それまで抱いていた憧れが、維持に対する恐怖に変わるのです。ケーキに誘惑されると、「食べたらリバウンドしちゃう」「ガマンしなきゃ」となるからです。ですから、ストレスがたまっていくのです。これが、リバウンドの本当の原因です。達成して気が緩むのが、原因ではありません。ストレス思考になるから、リバウンドするのです。

達成しても憧れをもち続けること

こうならないためには、目標達成後も、憧れをもつことです。言い換えれば、目標達成をゴールにしないことです。

達成できたらできたで、「次は、もっとステキなあの人のようになりたいな」「スリムにはなれたから、今度は筋肉をつけていこう」――このように、次の目標に目を向けていくことです。「常に先を見る」「さらなる憧れをめざす」、これが、維持していくためのコツなのです。維持が、ただの維持になったときに、維持ができなくなるのです。

維持とは、今のカラダを単に維持することではありません。常に上を見ていくことが、本当の維持です。

いつ見てもステキな人は、常に高みをめざしています。終着駅がないのです。いつ見てもステキなカラダとは、常に、楽しみや憧れがベースになっているのです。

2 イメージウォーキング

ほどよい筋肉がスタイルをよくみせる

ダイエットには、エクササイズが欠かせません。なりたいカラダになるためにはなおさらです。よいスタイルは、どれだけエクササイズ中心のダイエットにできたかで決まります。その理由は、筋肉です。筋肉があってはじめて、キレイなプロポーションが生まれるからです。「あっ、あの人スタイルいいな」と思う人で、筋肉のない人はいません。必ず、他の人より筋肉があります。必ず、他の人よりエクササイズをしています。これが、いいスタイルを生んでいるのです。

エクササイズの代表といえば、ウォーキングやランニングです。これはスタイルのいい人は、必ず取り入れています。その理由は、1つは、「すばらしいプロポーションを生む」からです。

歩くことは、すべての生活の基本です。動きの基礎なのです。ですから、歩くことによって生まれる筋肉は、万能なのです。そしてまた、全身に万遍なく筋肉がつきます。しかもとても自然な筋肉です。ですから、ウォーキングは自然でステキなプロポーションを生むのです。

自然さこそが最も美しい

もう1つの理由は、「スタイルが映える」からです。スタイルいいなと思う人が何をしている姿が一番キレイかというと、それは歩いている姿です。ステキな人は、歩き姿がキレイなのです。また、カラダとは、歩いているときが一番映えるのです。それは、歩き姿が、人間にとって一番自然な姿だからです。一番人間らしい姿だからです。

さらに人間は、自然さを感じたときに、最も心が惹かれます。これは、異性を見るしぐさでも同じです。女性は、男性がどんなに筋肉をアピールしたときよりも、日常で重い荷物をヒョイっと持ったときに、グッときます。男性は、女性がどんなにセクシーなポーズをしたときよりも、自然に足を組みかえるシーンが、最もドキッとします。それは、「自然」だからです。人間は、自然な振舞いに惹かれるのです。

自然さは、何より美しく感じます。ですから、歩いているときが一番映えるのです。ですから、「あっ、ステキ」と思われるようなスタイルになりたいと願う人は、ウォーキングを極めることです。日々のエクササイズに、ウォーキングを意識して取り入れるのです。

美しいスタイルは姿勢から生まれる

ですが、もちろん、ただ歩けばいいというわけではありません。正しい歩き方をしなければ、意味がありません。間違った歩き方をしてしまうと、まったくの逆効果です。歩き方で印象が決まるということは、汚い歩き方をすると、悪い印象がついてしまうということです。

ですから、汚い歩き方をするくらいなら、ウォーキングはしないほうがいいのです。悪い癖もついてしまうからです。やるのであれば、必ず、正しい歩き方をしなければならないのです。ウォーキングで最も大切なのは、姿勢です。そもそも、キレイなスタイルとは、必ず姿勢から生まれます。姿勢の悪い人で、スタイルのいい人はいません。

正しい歩き方や姿勢については、たくさんの指南書があります。基本はそれらに従うことです。しかし、正しく歩くことは、実は、思いのほかキツいです。なぜなら、押さえるポイントが多いからです。背筋、顎、角度、お尻の位置、足の出し方、腰の動かし方、軸の意識……、意識しなければならないことが、たくさんあります。

実際、これまでにウォーキングをされた方も多いと思います。ですが、多くの方が、制約の多さでギブアップしてしまったのではないでしょうか。そしてその理由とは、「正しい歩き方を意識することに疲れて続かなかった」であるはずです。

憧れのウォーキングをイメージする

では、どうすればいいのでしょうか。それは、念を使うといいのです。憧れを使うのです。

実は、指南書のとおりにやる必要はありません。皆さんがやるべきことは、たった1つです。

それは、「憧れのあの人はどんな歩き方していたかな?」「どんな歩き方をしていたら見ていてキレイかな?」――このようなことを考えながら歩くということです。たったこれだけです。

皆さんのなかには、ステキな歩き方のイメージが、すでにあります。「ステキだなと感じる歩き方をイメージしてください」といわれたら、即座に頭に思い描けるはずです。それが、正しい歩き方の答えです。ですから、それをイメージしながら歩くのです。

憧れの人が歩いているシーンを、思い出しながら歩くのです。その人になったつもりで歩くのです。そうすると、自ずと、ステキな歩き方になります。背筋もピンと伸びるはずです。胸も自然と張れるはずです。視線も斜め上を向くはずです。

憧れの人になり切ることが、最高のウォーキングを生むのです。

3 イメージエクササイズ

ウォーキングとランニングが軸

カラダづくりの軸は、ウォーキングとランニングです。なぜ、軸になるかというと、それは、全身運動だからです。水泳もそうです。全身運動は、カラダのトータルバランスを高めてくれます。つまり「パッと見」をよくしてくれるのです。ですから、大切なのです。

一方、部分的に高めてくれるものが、部分運動です。いわゆる、筋力トレーニングです。最近は、手軽なトレーニンググッズが抱負にあります。チューブや腹筋グッズにはじまり、脚の開閉グッズ、ウエストひねり、ローラーなど、多岐にわたります。

このような筋力トレーニングにも、もちろん、効果を高めるコツがあります。それは念です。

例えば、腹筋運動です。腹筋は、引きしまったおなかの象徴です。パックリわれた腹筋に憧れる方も多いはずです。しかし、そんな腹筋をつけるのは、なかなか、一筋縄ではいきません。長期にかけて、かなりの回数をやりこむことが必要です。とても地道な作業なのです。

ところが、ただ漠然と回数を繰り返すだけでは、筋肉はついてくれません。「あんなに毎日やっているのに、全然腹筋つかない」という経験がある方も多いはずです。その原因は「意識」です。筋肉は、意識してやらないと、強く反応してくれないのです。何も考えず、テレビを見ながら、ただパタパタと腹筋運動をしているだけでは、実は、やってないに等しいのです。しかし、腹筋を意識しながらやるというのは、とてもキツいものです。テレビを見ながらだと何回でもできるのに、意識すると、とたんにできなくなってしまいます。それは、1つは、頭を使うからです。意識して集中するからです。頭で考える、集中するというのは、思いのほかキツいことなのです。

そして、もう1つは、ストレスです。「意識しなきゃ」という気持ちが、ストレスを生むからです。ですから苦しくなって続かないのです。テレビを見ながらだと、延々できるのです。

憧れの念を使う

では、どうすればいいのでしょうか。それは、憧れの念を使うのです。「割れた腹筋になりたいな」「腹筋がわれたらどんなにカッコいいだろうな」、こう考えながら、腹筋運動をするのです。

これは、意識を筋肉に向けるという点では同じです。ですが、これまでの「意識」とは違います。これまでの意識の仕方は、ただ漠然と腹筋に集中するというものです。ですからキツいのです。

ところが、この「願望を念じる」という方法は、全くキツくありません。むしろ、明るく楽しい気分になるのです。ですから、かえってどんどんやりたくなるのです。

人間は、憧れに強く反応する生き物です。そして、憧れに対しては、明るく楽しく向かうことができます。それはストレスがないからです。ですから憧れだと続くのです。バテてもできるのです。憧れの念をどれだけ取り入れていくかで、エクササイズが、楽しいものに変わるのです。

あとがき

以上、本能ダイエット法と、ダイエットをしていくうえで大切だと感じていることをお伝えしてきました。

ここでお伝えしたことは、決して新しいことではありません。皆さんが、これまでに経験し感じてきたことを、ただ文章として書き記しただけのことです。

読まれるなかで、もし「うんうん」と感じられた部分があるとすれば、それは、皆さん自身の経験です。そして、最大の宝です。必ず皆さんのダイエットの軸となってくれるはずです。

最後になりますが、皆さんにお願いがあります。

次のことを、頭のなかで思いっ切り想像してみてください。

・スリムなカラダを手に入れ、嬉しくて嬉しくてたまらない自分を
・街ゆく人から「あの人ステキ。私もああなりたい」と羨望のまなざしで見られている自分を
・スリムになって、大好きなおしゃれをばっちりキメて、胸を張ってルンルンに歩いている自分を
・毎日が、楽しくて楽しくてしかたのない自分を

それが未来のあなたなのです。

著者略歴

おち　洋司（おち　ようじ）

1977年、愛媛県新居浜市出身。横浜国立大学大学院卒。大手電機メーカーにて８年間映像機器の開発に携わる。心理カウンセラー。

幼少期より太っていたが、高校時代に２０kgのダイエットに成功する。

自身の経験と心理学の視点から、ダイエットの本質は心と考え方であることを痛感。

一方で、映像機器に携わる仕事を通して、写真や音声が人の心に与える影響力に魅せられ、心と手段の双方を追及した画期的なダイエット法「携帯ダイエット法」、「本能ダイエット法」を生み出す。

後に、アドバイザーとして多くの人を成功に導く。

その活躍により、周囲から、より広く伝えていくべきと薦められ、この度、執筆に至る。

現在、心理カウンセラー、ライフアドバイザーとして、ダイエットに限らず、ライフスタイル、人間関係、ビジネス等、幅広い分野で、心を豊かにする考え方の提案とサポートに尽力している。

心でするダイエット―携帯電話活用で効果を上げる

2012年6月20日初版発行　　2012年7月20日第2刷発行

著　者　おち　洋司　©Youji Ochi
発行人　森　　忠順
発行所　株式会社 セルバ出版
〒113-0034
東京都文京区湯島1丁目12番6号 高関ビル5B
☎03（5812）1178　FAX 03（5812）1188
http://www.seluba.co.jp/
発　売　株式会社 創英社／三省堂書店
〒101-0051
東京都千代田区神田神保町1丁目1番地
☎03（3291）2295　FAX 03（3292）7687

印刷・製本　モリモト印刷株式会社

Printed in JAPAN
ISBN978-4-86367-078-5